Der Autor
Kurt Tepperwein, geboren 1932 in Lobenstein, war erfolgreicher Unternehmer, ehe er sich 1973 aus dem Wirtschaftsleben zurückzog. Er wurde Heilpraktiker und Forscher auf dem Gebiet der wahren Ursachen von Krankheit und Leid. Er lehrte an verschiedenen internationalen Institutionen, seit 1997 ist er Dozent an der *Internationalen Akademie der Wissenschaften*. Er gilt als einer der bekanntesten Lebenslehrer Europas. Kurt Tepperwein ist Autor von mehr als 50 Büchern, Audiotapes und CDs. Wenn er sich nicht auf Vortragsreise befindet, lebt der Autor auf Teneriffa.

KURT TEPPERWEIN

Wirksam beten

Göttliche Energie
erbitten und empfangen

WILHELM HEYNE VERLAG
MÜNCHEN

FSC
www.fsc.org
MIX
Papier aus ver-
antwortungsvollen
Quellen
FSC® C014496

Verlagsgruppe Random House FSC-DEU-0100
Das für dieses Buch verwendete
FSC®-zertifizierte Papier *Holmen Book Cream*
liefert Holmen Paper, Hallstavik, Schweden.

2. Auflage
Taschenbucherstausgabe 8/2010

Copyright © 2007 by Integral Verlag, München,
in der Verlagsgruppe Random House GmbH
Printed in Germany 2011
Redaktion: Sylvia Hitzler
Umschlaggestaltung: Guter Punkt, München
Umschlagmotiv: © Andrea Barth/Guter Punkt, München
Herstellung: Helga Schörnig
Satz: Christine Roithner Verlagsservice, Breitenaich
Druck und Bindung: GGP Media GmbH, Pößneck

ISBN 978-3-453-70151-9

http://www.heyne.de

Inhalt

1 Einführungsgedanken

Es gibt wohl keinen religiösen Brauch, der so allgemein anerkannt ist und doch so wenig verstanden wird wie das Gebet. Jeder, den Sie fragen, wird Ihnen sagen, dass er schon Antwort auf Gebete erhalten hat. Ungeachtet ihrer gesellschaftlichen Stellung, ihrer Nationalität, ihrer Hautfarbe oder ihres Glaubens haben alle Menschen diese eindeutige Aufeinanderfolge von Bitte und Erfüllung, die mit dem Wort Gebet umschrieben wird, erfahren. Ein Mann betet vielleicht um Geld, und der Postbote bringt ihm die benötigte Summe. Eine Frau betet um eine neue, besser bezahlte Stellung, und sie erhält auf ihre Bewerbung hin eine Zusage von dem angeschriebenen Unternehmen.

Andererseits finden sich aber auch Beweise für Gebete, die offenbar unbeantwortet bleiben. Es gibt Menschen, die den Hungertod sterben, das Kind, das trotz der flehentlichen Gebete seiner Eltern nicht überlebt.

Jedes Studium des Gebets wird Widersprüche und viele seltsame, verwirrende Tatsachen aufdecken. Ein belangloses Gebet findet Erfüllung, aber ein inniges Gebet in einer wichtigen Angelegenheit nicht. Ein leichtes Leiden wird gelindert, während das verzweifelte Flehen um die Gesundung eines geliebten Menschen nicht erhört wird.

An erster Stelle steht das *Gebet um körperliche Belange oder um materielle Unterstützung.* Ganz allgemein kann man es als die Bitte an ein Wesen definieren, von dem man annimmt, dass es in der Lage sei sowie die Macht und die Fähigkeit habe, die Bitte zu erfüllen.

Wenn wir ein Gebet sprechen, an wen richtet es sich? Da die meisten Gebete irgendeine Art von physischer Besserung oder materieller Unterstützung erhoffen, sind nur sehr wenige von ihnen tatsächlich an Gott gerichtet. Gewöhnlich haben die meisten Menschen etwas Hemmungen davor, um materielle Vorteile zu bitten, und wenden sich mit einem solch irdischen Anliegen nur ungern an Gott selbst. Zudem war ein großer Teil der religiösen Lehren der vergangenen zweitausend Jahre darauf ausgerichtet, in den Menschen Furcht vor Gott und ein Gefühl des Getrenntseins von ihm zu erzeugen. So empfindet die große Mehrheit der Menschen Gott als teilnahmslos und weit entrückt, ähnlich wie den Präsidenten einer Gesellschaft oder den Direktor einer internationalen Bankengruppe. Viele meinen deshalb, ihre Gebete könnten Gott nicht erreichen, und beten deshalb zu einer Wesenheit, die ihnen erreichbarer erscheint. Zudem glauben sie, dass ein solches Wesen, wie zum Beispiel ein Heiliger, sich vielleicht verständnisvoller und toleranter gegenüber den menschlichen Schwächen zeigt, die hinter der Bitte stehen.

Fromme Menschen in China und Japan beten zu Buddha, in Russland zum heiligen Sergius, in Italien zum heiligen Antonius, in Amerika zur heiligen Theresa. In islamischen Ländern beten sie zu Mohammed und in allen Teilen der christlichen Welt zur Heiligen Familie, zu Jesus, Josef und der Mutter Maria. Tatsächlich gibt es Hunderte von Wesen in allen Religionen, an die täglich Bitten und Gebete ergehen in der Hoffnung, dass sie die Rechtmäßigkeit der Ersuche anerkennen, die Motive des Bittstellers verstehen und wohlwollend beurteilen und ihre Macht sowie ihren Einfluss einsetzen, um bei der Beschaffung der erbetenen materiellen Dinge zu helfen.

Wir sehen also, dass die erste und am weitesten verbreitete Art von Gebet, die Bitte um materielle Vorteile, weniger an Gott gerichtet wird, sondern weitaus häufiger an irgendeine andere Wesenheit, von welcher der Bittsteller glaubt, dass sie den Wunsch zu erfüllen imstande sei, vielleicht sogar zur Erfüllung überredet werden könne.

Wenn wir den Gedanken eines solchen Bittstellers auf den Grund gehen und ihn fragen: »Warum hast du zum heiligen Antonius und nicht direkt zu Gott gebetet?«, dann wird er möglicherweise antworten: »Der heilige Antonius war selbst einmal arm und kann deshalb verstehen, wie sehr ich dieses Geld brauche.« Und wenn wir uns bei jemand anderem erkundigen: »Warum hast du zur Muttergottes gebetet anstatt zu Gott selbst?«, dann hören wir vielleicht als Antwort: »Die Muttergottes ist eine Frau und wird verstehen, was ein Mann nicht verstehen kann.«

Wenn wir in die Herzen dieser Leute blicken, erkennen wir, wie kindlich ihre Gebete sind. Und wir beginnen zu verstehen, warum manche Gebete erhört werden und andere nicht. Die meisten Menschen haben kein rechtes Verständnis des Gebets. Sie sind wie Kinder, die ihre Eltern um das bitten, was sie sich wünschen. Manchmal bekommen sie es und manchmal nicht, aber sie wissen nie genau, warum es sich so verhält.

Auf der nächsthöheren Ebene des Gebetes finden wir die *Bitte um Erleuchtung,* um Unterweisung, die einem Menschen in seinem Verlangen, Gott näherzukommen, helfen soll. Dies ist ein Wunsch, der fast immer an Gott oder an das höchste Wesen gerichtet wird. Menschen beten auf diese Weise, weil sie in sich die Sehnsucht nach Gott, dem Ursprung allen Seins, aufkeimen spüren. Allerdings praktizieren sie das gewöhnlich auf unterschiedlichen Ebenen des Verständnisses.

Einer bittet vielleicht um Hilfe in moralischen oder religiösen Fragen, ein anderer um geistiges Wachstum, ein Dritter fleht um die Kraft, Versuchungen zu widerstehen, ein Vierter um Erkenntnis und so weiter. Dies geschieht unaufhörlich auf der ganzen Welt.

Es steht uns nicht zu, die Qualität dieser Gebete zu beurteilen oder sie als gut oder schlecht einzustufen. Aber sie alle haben eines gemeinsam: Der Betende wendet sich an jemand anderen um Hilfe. Damit gesteht er stillschweigend seine Unfähigkeit ein, sich selbst zu helfen.

Eine völlig andere Qualität besitzen die *Gebete der Rosenkreuzer*. Um diese zu verstehen, müssen wir zunächst begreifen, dass es sich hierbei um einen wissenschaftlichen Vorgang handelt, der immer funktionieren wird, wenn alle Elemente in der richtigen Weise bereitgestellt werden. Misslingt er, dann bedeutet das, dass ein Element oder mehrere Elemente gefehlt haben oder der Vorgang nicht richtig durchgeführt wurde. Nehmen wir als einfaches Beispiel das Backen eines Kuchens. Um einen solchen herzustellen, brauchen

Sie Mehl, Wasser, Milch, Eier und Gewürze. Aber all diese Zutaten ergeben noch keinen Kuchen, solange Sie nicht wissen, wie und in welcher Reihenfolge sie zu verarbeiten sind. Doch selbst wenn Sie alle Zutaten im korrekten Mengenverhältnis und in der richtigen Reihenfolge zusammengemischt haben, muss der entstandene Teig erst noch gebacken werden. Und auch dafür sind Regeln notwendig: Die Hitze muss stimmen und natürlich die Dauer des Backvorganges. Ist die Hitze zu groß oder bleibt der Kuchen zu lange im Ofen, brennt er an. Ist die Hitze zu gering oder der Kuchen zu kurz im Backofen, wird er zusammenfallen und der Teig nicht durch sein. Sie sehen also, dass neben der Auswahl der Zutaten noch sehr viel Wissen und Fertigkeit erforderlich ist, um einen guten Kuchen backen zu können.

Lassen Sie uns einmal die Misere eines jungen Mannes untersuchen, der um Hilfe betete. Dieser junge Mann hatte in seiner Firma eine unterbezahlte Anstellung. Er wünschte sich ein höheres Einkommen und die damit verbundenen besseren Lebensumstände. Deshalb bat er seinen Meister um Hilfe, woraufhin ihm dieser einen reichlichen Zustrom an Energie sandte. Wie Sie und ich erwartete dieser junge Mann aber als Antwort auf sein Gebet eine neue Stellung oder einen Geldsegen, sodass er den gewonnenen Energieschub gar nicht erkannte. Er spürte ihn zwar, brachte ihn aber nicht mit seinem Gebet in Zusammenhang. Jedoch er fühlte sich so gut, dass er sofort begann, einen Teil dieser Energie für Liebesaffären mit mehreren Mädchen zu verwenden. Die Mädchen verlangten natürlich viel Beachtung, sodass er sich bald mit allen möglichen Nebensächlichkeiten beschäftigte, die für die Mädchen von Interesse, für ihn aber ohne wirkliche Bedeutung waren. Die eine ging gern ins Theater, eine andere lieber in Nachtclubs, die Dritte wollte Vorträge besuchen, die Vierte Popmusik hören und so weiter.

Inzwischen hatte die zusätzliche Energie den Geist des jungen Mannes angeregt, woraufhin ihm verschiedene sehr gute Ideen in den Sinn schossen, um zu Geld zu kommen. Jede dieser Ideen hätte ihm ein Vermögen eingebracht, wenn er sie verwirklicht hätte. Aber er war zu sehr mit den jungen Damen beschäftigt und die erhaltene Energie bald vergeudet, sodass er nicht mehr genug übrig hatte, um auch nur eine seiner Ideen zu realisieren. Als sich seine Stellung nicht auf wunderbare Weise veränderte, wie er es erwartet hatte, war der junge Mann sehr enttäuscht. Er machte seinem Meister Vorwürfe, ihm nicht die Hilfe gesandt zu haben, um die er so inbrünstig gebetet hatte.

Wenn wir zu Gott oder zu einem erhabenen Wesen um Hilfe beten, müssen wir bereit sein, diese große Energie zu empfangen und in richtiger Weise auf das Objekt unserer Wünsche zu lenken. Zunächst muss unser Aufnahmevermögen groß genug sein, um die erbetene Energiemenge zu empfangen und zu erfassen. Haben wir dann die notwendige Dosis gespeichert, gilt es sorgsam darauf zu achten, sie nicht töricht zu verschwenden. Ein großer spiritueller Meister beschreibt dies folgendermaßen:

»Die Menschen reden sehr viel von der Hilfe, die sie von uns erwarten. Wir wollen einmal die Fähigkeit dieser Menschen, unsere Hilfe anzunehmen, analysieren. Jeder Mensch, der von Hilfe träumt, hat bereits die Richtung und das Ausmaß dieser Hilfe in selbstsüchtiger Weise bestimmt. So wie ein Elefant in einem niedrigen Keller keinen Platz finden würde, berücksichtigt der Hilfesuchende weder das Ausmaß noch die Eignung der Hilfe.«

Jedes Gebet kann sowohl an Gott als auch an ein spirituelles Wesen gerichtet werden, von dem wir überzeugt sind, dass es uns helfen kann. Gott wie auch diese Wesen zeigen sich immer bereit, uns in jeder ihnen möglichen Art und Weise zu unterstützen. Wir haben lediglich Schwierigkeiten damit, diese Hilfe zu empfangen und zu verwirklichen. Das ist ein Problem, das die meisten Menschen ein Leben lang nicht zu lösen vermögen, sodass sie die ihnen zugedachte Hilfe gar nicht wahrnehmen.

Halten wir uns vor Augen: Wir leben und bewegen uns in einer Sphäre der Energie. Unser eigenes Wohlbefinden und unsere Fähigkeit, etwas zu erreichen, hängen davon ab, wie viel Energie wir zu erfassen in der Lage sind. Wenn wir von einem über uns stehenden Wesen Hilfe erbitten und es antwortet, dann sendet es uns Energie. Es ist unsere Aufgabe, diese Kraft dankbar zu empfangen und dann für unser angestrebtes Ziel einzusetzen.

Ich werde Ihnen das an einem einfachen Beispiel aufzeigen: Stellen Sie sich vor, Sie wollen ein Haus kaufen, das 200 000 Euro kostet. Ihnen stehen aber nur 20 000 Euro zur Verfügung. Sie gehen also zu einem reichen Freund, erzählen ihm von Ihren Plänen und bitten ihn um Unterstützung. Weil er ein guter Freund ist, will er Ihnen auch tatsächlich unter die Arme greifen. Aber gibt er Ihnen deshalb das Haus? Natürlich nicht, sondern einen Scheck über 180 000 Euro, damit Sie Ihr Vorhaben in die Tat umsetzen können. Jetzt brauchen Sie nur den Scheck bei einer Bank einzulösen und das Haus mit dem Geld zu erwerben.

Nun nehmen wir einmal an, Sie seien nicht in der Lage, den Wert dieses Schecks zu erkennen, und sagen: »Ich habe um ein Haus gebeten und nur ein Stück Papier bekommen.« Und Sie werfen den Scheck ärgerlich fort. Oder Sie lösen ihn zwar ein, geben das Geld aber dann für etwas anderes aus, für ein neues Auto, schöne Kleidung, eine Kreuzfahrt oder dergleichen. Das Haus aber gehört Ihnen immer noch nicht, weil Sie den Scheck nicht als Grundlage für dessen Erwerb erkannt haben.

Wenn Sie also ein Bittgebet sprechen, ganz gleich worum Sie Gott oder eine andere Wesenheit ersuchen, müssen Sie sich öffnen für die »Energie der Erfüllung«. Jedoch dürfen Sie nicht erwarten, dass sich Ihr Wunsch genau nach Ihren Vorstellungen erfüllen wird.

Noch eine Schlussbemerkung zu dieser Einführung: Alles, was ich in diesem Buch wiedergebe, entspringt meinen eigenen Erfahrungen und Erkenntnissen. Wenn Sie bewusst davon profitieren möchten, dann halten Sie sich einfach an den Spruch aus der Bibel: »Prüfet alles und das Beste behaltet« (1 Thessalonicher 5,21).

2   Gott und die Physik

Max Planck, der berühmte deutsche Physiker, legte die entscheidende Grundlage zur Atomforschung. Er gab der Menschheit sozusagen den Schlüssel zum atomaren Geschehen. Im Jahre 1858 geboren, war er schon 1885 Professor der Physik und erarbeitete in der Folge die Quantentheorie über Strahlungsenergie, wofür er 1918 den Nobelpreis erhielt.

Doch nicht nur das Atom, die Strahlungsenergie, Wärme- und Elektrizitätslehre zählten zu seinen Forschungsanliegen, sondern auch die philosophische Erhellung der neuen physikalischen Erkenntnisse. Der große Forscher starb 1947. Jahre zuvor äußerte er sich auf einem Gelehrtenkongress in Florenz sehr deutlich:

»Meine Herren, als Physiker, also als Mann, der sein ganzes Leben der nüchternsten Wissenschaft, der Erforschung der Materie widmete, bin ich sicher von dem Verdacht frei, für einen Schwarmgeist gehalten zu werden. Und so sage ich Ihnen nach meinen Erkenntnissen des Atoms dieses: Es gibt keine Materie an sich! Alle Materie entsteht und besteht nur durch eine Kraft, welche die Atomteilchen in Schwingung bringt. Da es im ganzen Weltall aber weder eine intelligente noch eine ewige Kraft gibt, so müssen wir hinter dieser Kraft einen bewussten intelligenten Geist annehmen.

Dieser Geist ist der Urgrund aller Materie. Nicht die sichtbare, aber vergängliche Materie ist das Reale, Wahre, Wirkliche, sondern der unsichtbare, unsterbliche Geist ist das Wahre! Da es Geist an sich ebenfalls nicht geben kann, sondern jeder Geist einem Wesen zugehört, so müssen wir zwingend Geistwesen annehmen.

Da aber Geistwesen nicht aus sich selbst sein können, sondern geschaffen worden sein müssen, so scheue ich mich nicht, diesen geheimnisvollen Schöpfer ebenso zu benennen, wie ihn alle Kulturvölker der Erde früherer Jahrtausende genannt haben: Gott!«

Werner Heisenberg, eine weitere Größe unter den Physikern, dessen Arbeit untrennbar mit der Atomforschung verbunden ist, wurde 1901 in Würzburg geboren und starb 1976 in München. Schon mit sechsundzwanzig Jahren wurde er Professor für theoretische Physik an der Universität Leipzig. Seine Theorie der Unschärferelation beachtet die Tatsache, dass gewisse Dinge im Bereich des atomaren Geschehens nur »unscharf« zu erfassen sind, weil die Bedingungen zur Beobachtung den beobachteten Vorgang beeinflussen.

Dieser bedeutende und in der ganzen Welt geachtete Naturwissenschaftler, der die letztendliche Unschärfe nachwies, erklärte sich als überzeugt, dass hinter allen physikalischen Rätseln eine »zentrale Ordnung« stehe. Diese zentrale Ordnung war sein Gottesbegriff. Er erarbeitete eine »Einheitliche Theorie der Materie«, volkstümlich als »Weltformel« bezeichnet, womit er eine göttliche Ordnung hinter allen Dingen nachzuweisen suchte. Heisenberg selbst hat an ihrer Gültigkeit nie gezweifelt. »Ich bin«, erklärte er, »in meinem langen Leben viele Wege in der Wissenschaft gegangen und habe eines gefunden: Gott.«

Auch der wohl berühmteste aller Physiker, *Albert Einstein,* überlieferte der Nachwelt als letztendliche Erkenntnis seines Lebens: »Das tiefste und erhabenste Gefühl, dessen wir fähig sind, ist das Erlebnis des Mystischen. Mystik ist die Lehre von den Weltgeheimnissen. Durch Versenkung wird das unmittelbare Gotterlebnis gesucht. Aus ihm allein keimt wahre Wissenschaft. Wem dieses Gefühl fremd ist, wer sich nicht mehr wundern und in Ehrfurcht verlieren kann, der ist seelisch bereits tot. Das Wissen darum, dass das Unerforschliche wirklich existiert und dass es sich als höchste Wahrheit und strahlendste Schönheit offenbart, von denen wir nur eine dumpfe Ahnung haben können – dieses Wissen und diese Ahnung sind der Kern aller Religion.

Das kosmische Erlebnis der Religion ist das stärkste und edelste Motiv naturwissenschaftlicher Forschung (Religion ist hier nicht gemeint als konfessionelle Bindung an Christentum, Judentum, Islam usw., sondern im Sinne von »relegere« als Rückbindung an Gott).

Meine Religion besteht in der demütigen Anbetung eines unendlichen geistigen Wesens höherer Natur, das sich selbst in den kleinen Einzelheiten kundgibt, die wir mit unseren schwachen und unzulänglichen Sinnen wahrzunehmen vermögen. Diese tiefe gefühlsmäßige Überzeugung von der Existenz einer höheren Denkkraft, die sich im unerforschlichen Weltall manifestiert, bildet den Inhalt meiner Gottesvorstellung.«

Der bekannte amerikanische Atomforscher *N. J. Stovel,* dessen wissenschaftliche Arbeiten Weltruf genießen, entwickelte sich aufgrund seiner Forschungen vom atheistischen Zyniker zu einem tief religiösen Menschen. Er experimentierte viele Monate, um die Strahlungen des menschlichen Gehirns zu messen. Endlich gelang ihm der Beweis, dass jeder Mensch gleichsam ein Funksender und -empfänger mit individueller Wellenfrequenz ist. Daraufhin stellte er Versuche über die Vorgänge an, die sich während des Sterbens im Zerebralsystem abspielen.

Mit vier weiteren Wissenschaftlern führte er in einer Klinik das außergewöhnliche Experiment durch, die Gehirnfunktion einer sterbenden Frau zu registrieren. Die Messgeräte befanden sich im Nebenzimmer der Patientin. Hier erlebten die Wissenschaftler das letzte Gebet der Sterbenden.

Die Frau bat um Verzeihung für ihre Feinde, um Vergebung ihrer eigenen Schwächen und Sünden, bevor sie sich mit einem innigen Stoßseufzer, der wie ein erstickender Aufschrei klang, ganz in die Hände Gottes begab. Als sie Jesus laut um Gnade bat, ertönte aus dem Messgerät ein heller Laut, der Zeiger schlug bis zur Maximalfrequenz aus, bis zum Höhepunkt der vorhandenen Skala.

Die Forscher schauten fassungslos und geradezu erschrocken auf die Kulminationsziffer. Was sie sahen, ging über jedes wissenschaftliche Begreifen hinaus. Aber ein Irrtum war ausgeschlossen: Sie hatten dreißig Sekunden lang mit eigenen Augen die Wirkung der Gebetskraft der sterbenden Frau wahrgenommen – und kamen sich dabei nach ihrem eigenen Zeugnis »beschämt, dreist und aufdringlich« vor, als würden sie verbotenerweise Zeugen eines sakralen Geheimnisses.

Zum ersten Mal in der Menschheitsgeschichte war die geistige Kraft eines Gebetes von einem Messapparat aufgezeichnet worden. Diese Kraft war größer als die zuvor mit dem gleichen Instrument gemessene Energie des größten amerikanischen Rundfunksenders!

Eine derart wirkungsvolle Energie geht von einem Gebet aus, das ja nichts anderes ist als eine inbrünstige Bitte, ein Ausdruck des Denkens und Fühlens eines Menschen. Das erinnert uns an die »Atomkraft des Geistes«. Tatsächlich ist ein von Herzen kommendes Gebet die stärkste Kraft der Welt.

3 Der Glaube

Glaube ist das innere »Erfülltsein« von einer Vorstellung, die nicht nur möglich, wahrscheinlich oder wünschenswert erscheint, sondern deren Wirklichkeit gewiss ist.

»Wahrer Glaube versetzt Berge«, sagt der Volksmund.

Glaube ist also nicht nur Bejahung, sondern Gewissheit der Wahrheit und Verwirklichung des gläubig Bejahten. Wer nur glaubt, was er sieht, ist erst bereit, an die Wirkung der Aussaat zu glauben, wenn er die Ernte sieht. Aber auch der Ungläubige besitzt Glauben, allerdings einen, der ins Gegenteil zielt. Wer Angst hat vor dem Alter, wer Einsamkeit fürchtet oder Schmerzen, glaubt auch, aber auf negative Weise, die Negatives schafft und herbeiführt.

Glaube ist ein inneres sicheres Wissen, das nicht auf äußeren Beweisen basiert. Es erweist sich als ein inneres Erkennen der Wahrheit und Wirklichkeit.

Ein heilender Glaube blickt nicht mehr auf den äußeren Schein, sondern auf das innere Sein und verwirklicht sich dadurch, dass es sich auch nach außen manifestiert, als Umstand oder Heilung.

Wissen stellt Tatsachen fest, Glaube schafft Tatsachen durch dankbares Bejahen der inneren Wirklichkeit.

Der Glaube bildet daher den wichtigsten Teil des wirksamen Betens. Zu glauben heißt, innerlich sicher zu wissen, dass das Erwünschte bereits geschaffen ist, nachdem ich die Ursache gesetzt habe.

Wenn wir wieder lernen wollen zu glauben, müssen wir zunächst einmal konsequent jeden negativen Gedanken vermeiden. Also alle Gedanken des Scheiterns, der Sorge oder Enttäuschung, aber auch alle gedanklichen Verurteilungen oder Selbstverurteilungen. Ich muss mich wert fühlen, Erfüllung zu empfangen.

Das verlangt eine strikte Vorgehensweise. Jeder Gedanke, der seinem Wesen nach nicht aufbauend, hilfreich oder stärkend ist, egal ob er uns selbst oder einen anderen betrifft, ist negativ und behindert bzw. verhindert Erfüllung.

Sollten wir bei der Bewertung eines Gedankens einmal im Zweifel sein, empfiehlt es sich, ihn loszulassen. Denn jeder wirklich förderliche Gedanke ruft ein inneres Bejahen hervor, wodurch wir ihn sicher als positiv erkennen können.

Es genügt also nicht allein, nicht an negativen Gedanken festzuhalten und zuzulassen, dass sie in unserem Gemüt Wurzeln schlagen. Vielmehr gilt es sie sofort mental umzuwandeln, also in das positive Gegenteil zu verkehren und auf diese Weise zu erleben, dass sie nicht nur keinen Schaden anrichten, sondern uns helfen, unserem Ziel einen Schritt näher zu kommen.

Ganz gleich, was Ihnen in den Sinn schießt, es obliegt allein Ihrer Entscheidung, bei welchem Gedanken Sie verweilen. Worauf Sie Ihr Bewusstsein richten, dorthin fließt Ihre schöpferische Kraft und macht den Gedanken zur Ursache.

Das gilt auch, wenn andere Menschen negative Gedanken an Sie herantragen. Denn Sie entscheiden, wie Sie damit verfahren. Bei richtigem Umgang kann ein negativer Gedanke sogar zum Auslöser werden, sich ganz bewusst dem Positiven zuzuwenden. Mit der rechten Einstellung wird so alles zur heilsamen Hilfe.

Verhalten Sie sich wie jemand, der am offenen Kamin sitzt und dem ein Funke auf die Jacke fällt. Wenn er ihn ohne zu zögern abklopft, wird der Funke keinen Schaden anrichten. Zögert er jedoch nur einen Augenblick, ist der Schaden schon entstanden und es bedarf einiger Mühe, ihn wieder zu beseitigen.

Dasselbe trifft auf den Umgang mit negativen Gedanken zu. Wichtig ist, dass Sie sich von negativen Gedanken nicht »bewegen« lassen, sondern sie einfach nur wahrnehmen, aber nicht aufgreifen.

Es schadet nicht, alles zu prüfen, ja es ist wichtig für uns, dies zu tun. Aber behalten sollten wir nur das, was wir als das Beste erkennen. Dazu müssen wir nicht das Negative, das an uns herangetragen wird, lautstark zurückweisen. Es genügt, es nicht anzunehmen.

Mitunter mag es auch geschehen, dass gerade durch dieses Verhalten eine Menge Schwierigkeiten zu entstehen scheinen. Etwa, dass Nachbarn und Freunde verständnislos reagieren oder dass sich unerwünschte Umstände regelrecht häufen, als ob wir sie durch unsere strengeren Maßstäbe anzögen. Daran scheitern viele, die eine sofortige Verbesserung ihrer Situation erwarten und dann enttäuscht aufgeben.

Der Grund dafür besteht darin, dass wir uns in einem Übergangsstadium befinden. Unser Bewusstsein ist erwacht und wir bewegen weit größere Kräfte als zuvor, wodurch sich auch jeder Fehler in weit stärkerem Maße bemerkbar macht als vorher. Aber jeder muss irgendwann einmal dieses Stadium durchlaufen. Und auch wenn dadurch die Welt aus den Fugen zu geraten scheint, sollte dies lediglich als Ansporn dienen, unbedingt weiterzumachen.

Eines Tages werden wir unsere Gedankendisziplin verfeinert haben und noch bewusster mit dieser Kraft umgehen, sodass sich solche Begleiterscheinungen von selbst auflösen werden. Von da an geht es steil bergauf und unsere Entwicklung beschleunigt sich in einem Maße, wie wir es uns heute kaum vorstellen können. In diesem Übergangsstadium aber gilt es die Festigkeit unseres Glaubens zu beweisen.

Als wichtige Hilfe bei unserer Gedankendisziplin dient uns die Erkenntnis, dass niemand die Macht hat, uns wirklich aus dem Konzept zu bringen. Niemand vermag uns tatsächlich zu ärgern, zu beleidigen, zu verletzen, zu kränken oder zornig zu machen, es sei denn, wir gestatten es. Nur wir können uns ärgern und nur wir können es auch lassen. Nicht der andere verhält sich falsch, sondern unsere Reaktion auf sein Verhalten erweist sich noch nicht als ideal.

Jeder Mensch besitzt das Recht, so zu sein, wie er ist und sein kann. Und kein Mensch hat das Recht, den anderen dafür zu verurteilen. »Richtet nicht, auf dass ihr nicht gerichtet werdet, denn mit dem Maße, mit dem ihr messt, wird euch gemessen werden« (Matthäus 7,1–2). Unsere Aufgabe lautet daher, nicht nur nicht zu richten, sondern aufzurichten.

Dadurch wird der Glaube immer stärker. Gedanken des Zweifels lassen sich auflösen in der Erkenntnis, dass wir ständig Ursachen setzen und die entsprechenden Wirkungen als Schicksal auf uns zukommen. Setze ich demnach Ursachen, die meinen Wünschen entsprechen, werde ich erwünschte Wirkungen erlangen. Das ist ein geistiges Gesetz, und darauf ist absoluter Verlass. »Wie ihr sät, so werdet ihr ernten« (2. Korinther 9,6).

Wunsch und Glaube sind es, die der Kraft das Tor öffnen, die uns zum Kanal werden lassen, sodass die Kraft die Form unseres Gedankens erfüllen und diesen so verwirklichen kann.

Glaube ist ein Gemütszustand, den man durch Bejahung zu schaffen und zu stärken vermag. Der Glaube kann trainiert werden wie ein Muskel. Das gläubige Bejahen des erwünschten Endzustandes, und zwar so lange, bis es zur Manifestation kommt, entwickelt und kräftigt den Glauben.

Doch es sollte kein blinder Glaube sein, denn das wäre nur Hoffnung. Wahrer Glaube besteht aus der inneren Gewissheit, dass das Erwünschte sicher eintreten wird, indem ich mich der einen

Kraft ganz öffne und sie auf das ersehnte Ziel richte. Schöpferische Urkraft ist unser aller geistiges Erbe, und nur dadurch, dass wir dieses Erbe bewusst antreten und von seinen Möglichkeiten Gebrauch machen, können wir die Kraft in eine bestimmte Form lenken.

Je nach Art Ihres Glaubens arbeitet dieser für oder gegen Sie. Denn die Kraft des Glaubens verwirklicht das, wovon Sie innerlich fest überzeugt sind. Hegen Sie die Überzeugung, dass ein Vorhaben scheitern wird, verursachen Sie damit das Scheitern. In ebensolcher Gewissheit können Sie die Kraft des Glaubens aber auch auf das angestrebte Resultat richten und es so Wirklichkeit werden lassen.

Letztlich beseitigt die Energie des Glaubens alle Hindernisse und realisiert das, was Sie im Inneren beharrlich bejahen. Denn »alle Dinge sind möglich dem, der glaubt« (Markus 9,23).

»Wahrlich, wahrlich, ich sage euch: Wer an mich glaubt, der wird die Werke auch tun, die ich tue, und wird größere denn diese tun ...« (Johannes 14,12)

4 Wie man Glaubenskraft gewinnt und im täglichen Leben anwendet

Viele Menschen können nicht mehr glauben. Ihnen fehlt vor allem das Urvertrauen, eingebettet zu sein in die Harmonie und Ordnung der Schöpfung. Der erste Schritt, glauben zu lernen, beginnt also damit, wieder ganz bewusst ein Teil der allumfassenden Ordnung zu werden, das heißt seine Angelegenheiten und sich selbst in Ordnung zu bringen. Zudem lässt sich der Glauben durch das Gebet stärken.

Am besten fange ich mit ganz kleinen Schritten an, indem ich mir bewusst mache, was ich gerade noch glauben kann. Durch gläubiges Bejahen setze ich die Ursache für die Verwirklichung und ernte so ein Erfolgserlebnis des Glaubens.

Viele solcher Erfolgserlebnisse führen dann zu Glaubenserfahrung, woraus schließlich wieder das Urvertrauen erwächst: ein inneres sicheres Wissen, geborgen zu sein in der Harmonie der Schöpfung, die Erkenntnis, dass alles, was mir widerfährt, nur zu meinem Besten geschieht, um mir zu zeigen, was ich »not-wendig« gemacht habe. In dieser Gewissheit darf ich sodann vertrauensvoll ruhen. Ich kann mich darauf verlassen, habe die Gewissheit, dass Gott mich niemals verlässt. Ich bin als der verlorene Sohn wieder in seine Geborgenheit zurückgekehrt.

Als Jesus einmal einen Jünger nicht heilen konnte, erklärte er ihm, dass dessen fehlender Glaube dafür verantwortlich sei. Seine Jünger protestierten und sagten, sie seien sogar erfüllt vom Glauben an Gott. Jesus aber sprach, dass ein solcher Glaube nicht genüge, sondern dass sie *den Glauben Gottes* haben müssten (MARKUS 16,14 – Parallelen: MARKUS 11,23 und LUKAS 17,6).

Wenn ich an Gott glaube, dann glaube ich, dass Gott die Kraft hat, alles zu bewirken. Aber erst, wenn ich den Glauben in mir lebe, kann seine Kraft ungehindert durch mich wirken.

Auch in seiner Heimatstadt konnte Jesus nur wenigen helfen, weil ihnen der Glaube fehlte. Im Evangelium nach MARKUS (6,1–6) heißt es: »Und er konnte dort kein Wunder tun.«

Immer wieder lehrte er: »Um was ihr auch bittet, so ihr glaubt, werdet ihrs empfangen« (MATTHÄUS 21,22). »Alle Dinge sind möglich dem, der da glaubt« (MARKUS 9,23).

Und stets betonte er: »Dein Glaube hat dir geholfen« (MATTHÄUS 9,22).

Die Geisteskraft des Glaubens schließt uns an die eine Kraft im Universum an, sodass nichts mehr unmöglich ist.

Jesus beschwor aber auch immer wieder die Ausdauer im Glauben. Er erklärte, dass Heilung zu denen komme, die nicht aufgeben würden, wenn auch oft Stunden, Tage oder gar Wochen der Hinwendung im Glauben erforderlich seien. Mitunter kann eine Heilung jedoch auch spontan erfolgen, wenn sich der Glaube entsprechend stark und unerschütterlich zeigt.

Also sollten wir gläubig bejahen: Ich glaube, dass die eine Kraft mich *jetzt* heilt, mir *jetzt* hilft. Ich habe den Glauben, dass alles zu meinem Besten geschieht.

Heilung beinhaltet immer zuerst ein Wachsen im Bewusstsein. Andauernde gläubige Bejahung reißt alle Schranken nieder, lässt die Heilungsenergie frei fließen und ermöglicht so vollkommene Gesundheit.

Die Kraft fließt in jedem von uns, sie ist neutral und gehorcht unseren Gedanken. Mit unseren Gedanken schaffen wir die Form, bestimmen wir, was verwirklicht werden soll. Die Kraft lässt nur sichtbar werden, was von uns gedacht wurde.

Jesus sagte stets: »Dir geschehe nach deinem Glauben.« Auch das ist ein geistiges Gesetz. Uns allen geschieht ständig nach unserem Glauben. Sorgen wir also dafür, dass wir *das Richtige* glauben.

Paracelsus stellte bereits im 16. Jahrhundert fest: »Die Vorstellung ist die Ursache vieler Krankheiten, der Glaube aber ist die Heilung aller Krankheit.«

Allerdings bleibt selbst der festeste Glaube wirkungslos, solange wir die Erfüllung in die Zukunft verlegen und in der Gegenwart unser Bewusstsein auf den Mangel richten. Erst wenn ich mich *jetzt* mit dem Gedanken der Verwirklichung erfülle, kann ich Erfüllung erfahren, ist der Weg frei für die Kraft.

Darin liegt der Sinn des Dankens. Man dankt für etwas, das man erhalten *hat,* und verlegt damit die Erfüllung in das Jetzt. So betete auch Jesus am Grabe von Lazarus: »Vater, ich danke Dir, dass Du mich erhört *hast*« (JOHANNES 11,41). Er dankte, bevor sich die Erfüllung der Bitte manifestiert hatte, im sicheren Glauben, dass die Erfüllung erfolgen muss.

Der feste Glaube bildet also die Voraussetzung für jede Erfüllung. Unsere Aufgabe ist es, unseren Glauben so zu stärken, dass wir die Erfüllung sicher erwarten. Öffnen wir uns für die Erkenntnis, dass es keine unheilbaren Krankheiten gibt, wohl aber unheilbare Menschen, die an ihrem Irrtum festhalten, an dem äußeren Schein, und sich so selbst vor der Erfüllung verschließen. Denn auch diesen Menschen geschieht nach ihrem Glauben.

Es ist bemerkenswert, dass in der Bibel die Erklärung der Sündenvergebung stets mit der Aussage verbunden ist, dass der Leidende »Glauben« zeigte und dass ohne diesen Glauben nichts hätte getan werden können. So wie im Falle des Weibes, das eine Sünderin war: »Dir sind deine Sünden vergeben, dein Glaube hat dir geholfen, gehe hin in Frieden« (LUKAS 7,48–50). Dieser Glaube kennzeichnet das Aufwallen des eigenen göttlichen Wesens im Menschen.

5 Die drei Stufen
der Annäherung an Gott

Denken wir vorab an jene Szene im Evangelium, in der Christus bei seinen Jüngern die »Fußwaschung« vornimmt. Mit seinen Füßen schreitet der Mensch zur Tat. Taten werden Schicksal. In Tat und Schicksal wirkt der Wille des Menschen. Die »Fußwaschung« besagt also auch, dass der Wille des Menschen von Grund auf, von unten her, gereinigt werden muss. Das gilt besonders für die Jünger, die die »Nachfolge« antreten wollen.

Ein äußeres Geschehen deutet einen geistig-seelischen Vorgang an. Etwas, das sich auf der untersten Ebene, jener der Sinne, abspielt, kann sich zugleich auf seelisch-geistigem Gebiet unsichtbar vollziehen und bedeutet dann noch etwas anderes. An diesem Beispiel erkennt man, dass die Wahrheit im Spirituellen ganz anderer Art ist als die in der physisch-sinnlichen Welt.

Vor der ersten Stufe bin ich »Realist« und glaube nur, was ich sehen und wahrnehmen kann und wissenschaftlich erwiesen ist.

In der *ersten Stufe* der Annäherung an Gott glaube ich an eine höhere Macht, egal wie ich sie nenne. Meine Gebete beinhalten im Wesentlichen die Bitte um bestimme Dinge und Umstände. Ich will »haben«, zur Verwirklichung meines eigenen Willens.

In der *zweiten Stufe* der Annäherung an Gott erkenne ich Gott immer klarer in seinem Wirken. Ich durchschaue die geistigen Gesetze und beachte sie. Ich trete mein geistiges Erbe an und gestalte mein Leben nach meinen Wünschen durch bewusste Anwendung der geistigen Gesetze. Meine Gebete beinhalten im Wesentlichen die Bitte um Unterstützung bei meiner eigenen Entwicklung. Ich will ein guter Mensch werden, Gottes Gebote befolgen und seine Gesetze beachten und erbitte hierzu seine Hilfe und Führung. Ich will »sein«, zur Verwirklichung meines eigenen Willens.

In der *dritten Stufe* der Annäherung an Gott habe ich ihn gefunden. Ich erkenne, dass Gott und mein wahres Wesen identisch sind. Der Vater und ich »sind eins«. So bringe ich die Vollkommenheit meines wahren Wesens in meinem Leben gänzlich zum Ausdruck, lasse meinen eigenen Willen ganz und gar los, indem ich ihn vollständig in den Schöpfungswillen einfließen lasse. Ich verursache damit kein Schicksal mehr, sondern bin nur noch ein Werkzeug der Schöpfung und handele aus der Einheit des Seins heraus. Meine Gebete beinhalten keine Bitten mehr – denn um was sollte ich noch bitten können? Sie bestehen nur noch aus Dank für die Erkenntnis der Wahrheit und Wirklichkeit und dafür, dass Gottes Vollkommenheit mein geistiges Erbe ist, das ich dankbar annehme.

6 Gott und Gebet

1 Gott

Der Mensch wird das Absolute hinter allem Sein nicht enträtseln können, solange er davon getrennt ist. Dabei spielt es keine Rolle, ob wir dieses Absolute den »Urgrund allen Seins« nennen oder »Kosmische Urkraft«, »Zentrale Ordnung« oder »Schöpfer«, »den Einen« oder eben »Gott«.

Gemeint ist immer der »große Namenlose«, dem wir so viele Namen geben. Gemeint ist immer das höchste Prinzip, das wir auch mit der höchsten philosophischen, mentalen, emotionalen oder spirituellen Erfahrung nur unvollkommen zu erfassen vermögen.

Die altindische Philosophie besagt: »Die gesamte Schöpfung ist ein Gedanke Gottes.« Nach dem geistigen Grundsatz »wie im Kleinsten, so im Größten« gilt dies ebenso auf unserer Ebene. Die Lebensumstände, das Schicksal des Einzelnen stellen dessen manifestierte Gedanken dar.

Wir alle sind Mitschöpfer und gestalten unser Leben durch den Gebrauch der einen Kraft.

Auch die moderne Physik lehrt uns, dass alles Sichtbare, also alle Materie, eigentlich Energie sei.

Der Energie aber liegt Geist zugrunde, und Geist ist die Manifestation des Absoluten, das wir Gott nennen.

Alle großen Menschen haben zu Gott gefunden, ob es sich um Philosophen oder Wissenschaftler handelte. Und viele hatten den Mut, Zeugnis abzulegen von ihrer Überzeugung – oft gegen den Unglauben der Welt.

2 Gebet

Wirksam zu beten, lernt man weder im Elternhaus noch in der Schule und auch nicht in der Kirche, sondern erst in der »Schule des Lebens«. Wahres Beten ist eine Kunst, die Sie zum Beispiel mit Hilfe dieses Buches erlernen werden.

Gott ist bereit, jedes Gebet zu erhören, wenn wir uns in der rechten Weise an ihn wenden. Wer die Kunst des Betens versteht, wird Erfüllung erlangen, wenn er nur den Gedanken an einen Wunsch lange genug in sich bewegt.

Allerdings sollten wir es Gott überlassen, wann und in welcher Form unser Gebet erfüllt wird. Denn nicht immer ist das, was wir erbitten, auch wirklich gut für uns.

7 Herr, lehre uns beten!

Im Neuen Testament lesen wir, dass die Menschen zu Jesus kamen mit dem Wunsch: »Herr, lehre uns beten« (LUKAS 11,1-4). Sie sagten nicht: »Lehre uns ein neues Gebet«, denn Gebete kannten sie genug. Sie wollten von ihm lernen, wieder *wirksam* zu beten. Und Jesus belehrte sie, nicht mehr die altgewohnten Litaneien herunterzuleiern, sondern die Gedanken während des Betens auf Gott zu richten. Er verlieh diesen Gedanken auch einen vollkommenen Ausdruck, der überliefert ist und den wir als Vaterunser kennen.

Trotzdem verstehen es selbst heute, nach fast zwei Jahrtausenden, erst wenige Menschen, wirklich zu beten. Doch allein schon die Absicht, wieder beten zu lernen, setzt ja eine hohe Einsicht voraus, die Einsicht, dass man richtiges Beten erfahren kann.

Die Menschen beten auf individuelle Weise, je nach Einsicht, Religion und Glauben, doch ihre Gebete sind meist nur Worte. Sie mögen zwar aus diesen Worten einen gewissen Trost schöpfen, aber da es kein wirkliches Gebet ist, sondern eben nur Worte sind, erreichen sie auch den Empfänger, Gott, nicht, weswegen keine Erfüllung folgen kann.

Ein wirkliches Gebet besteht ausschließlich aus der Darbringung der eigenen Gedanken vor Gott, durch unseren Geist, der sich zu Gott erhoben hat. Solange die Worte nicht die Gedanken des Betenden ausdrücken, bleiben es leere Worte, die keine Wirkung nach sich ziehen.

Aber man kann aus innerer Freude heraus inniges Beten lernen, ebenso wie man sich irgendetwas anderes anzueignen vermag, seien es Fremdsprachen, mathematische Formeln oder was auch immer.

Richtiges Beten jedoch setzt Sanftmütigkeit voraus. Sanftmut ist die Bereitschaft, im Einklang mit den geistigen Gesetzen zu sein.

Wunder sind Antworten auf wirksame Gebete

Jedes wirkliche Gebet wird erhört, aber nicht unbedingt erfüllt, falls die Erfüllung im Widerspruch zum Schöpfungsplan steht. Wahres Beten ist wie »nach Hause kommen«.

Das wahre Gebet beinhaltet ein bewusstes Ausbreiten der innersten Gedanken und Gefühle vor Gott. Das können Wünsche sein oder Einsichten, hilfreiche Erfahrungen oder Gefühle der Dankbarkeit, Geborgenheit und des Wohlbefindens.

Ehrlichkeit ist wichtiger als schöne Worte. Das Gebet spricht man am besten mit seinen eigenen Worten, tief aus dem Innersten heraus, wo alles authentisch und wahr ist. Wer richtig betet, bekommt als Antwort auf sein Gebet meist einen Impuls. Dem sollte er aber auch folgen – denn sonst folgt nichts mehr!

Die menschliche Seele ist wie ein Kanal, durch den sich die unendliche Energie manifestiert. Ist der Kanal rein und frei, fließt sie leicht und ungehindert. Ist er aber verstopft, erleidet die Seele einen Mangel, der nach außen hin als Krankheit, Armut, Leid und Angst in Erscheinung tritt. Der Akt des Betens reinigt den Kanal, die Kraft kann sich frei entfalten und beschert Gesundheit, Wohlstand und Glück.

Wenn in meinem Leben also Schwierigkeiten auftreten, heißt das nicht, dass ich ein Versager bin oder einfach nur Pech habe, sondern dass sich das Leben durch mich nicht frei entfalten kann. Wer ein Gesetz verletzt, muss die Konsequenzen tragen, da alles im Universum in absoluter Übereinstimmung mit den Gesetzen geschieht.

Es ist daher sinnlos, sein Schicksal zu beklagen. Vielmehr gilt es mit der Schöpfung harmonisch zusammenzuarbeiten, die Gesetze zu achten und sie auch im Alltag zu berücksichtigen.

Der Mensch bemüht sich, seinen Körper gesund zu erhalten, nach Wohlstand, Wohlbefinden und Glück zu streben. Erwerben kann man dies alles jedoch nur, indem man die entsprechende Entfaltung im Inneren lebt, damit sie sich im Außen manifestieren kann.

Es gibt nur die eine Kraft im Universum, und diese Kraft kann von uns auf zweierlei Weise genutzt werden: konstruktiv oder destruktiv. Sie konstruktiv zu verwenden heißt, ihr in Demut zu begegnen und im Einklang mit dem Schöpfungsplan zu handeln. Sie destruktiv zu verwenden heißt, sie eigensüchtig, eigen-willig einzusetzen.

Richtig beten kann man nur auf konstruktive Weise, also in Harmonie mit der Schöpfung. So könnte mein Gebet lauten: »Vater, gib mir die Fähigkeit, so zu beten, dass ich Erfüllung verdiene.« Aber viele beten überhaupt nicht, weil sie fürchten, enttäuscht zu werden.

Für eine große Zahl der Menschen stellt Beten eine Routine dar, etwas, das man tun sollte, weil es erwartet wird. Aber in Wahrheit ist Beten eine Kunst. Wirkliches Beten hat nichts mit dem Versuch zu tun, Gott davon zu überzeugen, einmal eine Ausnahme zu machen, Gesetze zu ändern, ihn zu unseren Gunsten zu beeinflussen. Das ist Aberglauben.

Wir können Gott für die Folgen menschlicher Dummheit, egoistischen Denkens und Handelns nicht verantwortlich machen. Wer Gott anfleht, ihn vor den Konsequenzen seines Fehlverhaltens zu bewahren, wird vergeblich bitten. Man kann nun einmal für seine Missetaten keine Belohnung erwarten. Wer aber um Hilfe und Führung bittet, mit der Bereitschaft, selbst sein Bestes zu geben, dessen Gebet wird sicher erhört werden.

Wahres Beten erweist sich als das Bestreben des physischen Bewusstseins, mit dem Bewusstsein des Schöpfers in Einklang zu kommen.

Wenn wir unsere Gebete aber objektiv betrachten, so erkennen wir, dass viele davon Gott darüber belehren wollen, wie er die Dinge im Einzelnen richten möge oder lenken solle.

Jedes Gebet unterliegt dem Gesetz von Ursache und Wirkung. In der Bibel heißt es: »Wie ihr sät, so werdet ihr ernten« (2. KORINTHER 9,6). Wir bekommen also stets das, was wir verdienen, nicht das, was wir haben wollen.

Wer aber betet schon: »Herr, gib mir die Kraft und die Einsicht, all das mit Dank zu empfangen, das mir gebührt«? Stattdessen suchen wir Gott wach zu rütteln, ihn zu erweichen oder ihm einen

Handel anzubieten. Wie der Mann, der betete: »Herr, ich opfere Dir ein Bein, wenn Du meine Tochter wieder gesund machst.« Aber was soll Gott mit seinem Bein anfangen? Er hat ihm beide Beine gegeben, warum sollte er ihm nun eines wieder nehmen?

Rechtes Beten aber vermag uns selbst zu verändern, sodass auch in den äußeren Umständen eine Änderung erfolgen kann. Wirksam beten heißt, sich bewusst in die Einheit zu erheben. Gottes Segen für die Durchsetzung eigener Absichten zu erbitten, trennt mich von Gott und schadet mir.

Gott hat für jeden Menschen einen Plan. Diesem Plan gilt es auf die Spur zu kommen, damit wir unseren Platz im Leben finden. Denn wirklich glücklich können wir nur werden, wenn wir seinen Plan erfüllen.

Dessen sind wir uns oft nicht bewusst und wir erkennen unseren Platz nicht. Sobald wir aber die richtige Frage stellen, wird uns auch die Antwort klar. Fragen wir also nicht mehr: »Was will ich vom Leben?« Sondern: »Was will das Leben durch mich verwirklichen? Was kann ich jetzt für die Gemeinschaft tun?« Und indem ich diese Haltung in meinen gegenwärtigen Moment hineinnehme, lebe ich schon jetzt ein erfülltes Leben.

Allerdings liegt es in unserem natürlichen Bestreben, Wohlbefinden, Glück und echten Wohlstand zu erlangen. Schon deshalb sollten wir uns täglich Zeit zum Beten und Meditieren nehmen – und natürlich auch dafür, unser eigenes Verhalten zu überprüfen und unseren Worten anzupassen. Ebenso müssen wir einsehen, dass geistiges Wachstum innere Ordnung und Disziplin erfordert.

Sobald wir wirklich beten, führen wir eine Wandlung zum Besseren herbei. Ist die eigene Erkenntnis der Wirklichkeit noch gering, dann kann auch die durch das Gebet vollzogene Wandlung nur gering sein. Doch es ist unmöglich, wirklich zu beten, ohne dass sich dabei die Seele verändern würde. Denn ein echtes Gebet ist immer wirksam: Es ändert die Qualität der Seele.

Aber es beschert uns auch andere Lebensumstände! Als Folge der Wandlung unseres Denkens ändern sich unsere Lebensbedingungen, unser ganzes Schicksal. Unsere Mitmenschen werden freundlicher, günstige Zufälle ergeben sich und bereits befürchtete unliebsame Begebenheiten treten nicht ein – und das alles durch die Kraft des Gebetes!

In dem Wort *Gebet* liegt noch eine weitere große, meist unerkannte Weisheit. Wenn wir die erste Silbe betonen, heißt es **Ge**bet. Niemand kann etwas bekommen, ohne zuvor etwas zu geben. Das Geben öffnet die Hand für das Empfangen.

Es ist nicht recht, Gott um etwas zu bitten und gleichzeitig die Naturgesetze zu verletzen. Für Eigensüchtigkeit können wir keine Belohnung erwarten.

Ob das Gebet lediglich gedacht oder laut gesprochen wird, ist unwichtig. Nur der Grad unserer Hinwendung zu Gott zählt, die Intensität unseres Denkens, Fühlens und Wollens. Tief in jeder Menschenseele liegt das Bedürfnis, mit dem Bewusstsein des Schöpfers in Berührung zu kommen und mit seiner Schöpfung in Einklang zu leben.

Das gelingt in dem Maße, in dem wir uns bemühen, unser unvollkommenes Sein, unser Ego, loszulassen und Gott, das höchste Prinzip, durch uns wirken zu lassen. Er ist immer bereit, wir sind ihm immer gut genug, wenn wir es nur zulassen, ihn nicht behindern.

Allerdings sollte Suche nicht zur Sucht werden. Viele Menschen nehmen fast unersättlich immer neue Wahrheiten in sich auf, ohne sie zu verarbeiten und zu leben. Fanatismus und Intoleranz kennzeichnen diejenigen, die versuchen, Gott durch Übereifer zu einer Gegenleistung zwingen zu wollen.

Einfacher ist es, jeden Morgen nach dem Aufwachen ein Dank- und Segensgebet für den neuen Tag zu sprechen und jeden Atemzug dieses

Tages Gott zu weihen. So wird man mit jedem Atemzug von seiner Kraft, Harmonie und Liebe erfüllt.

Das Gleiche gilt für das tägliche Nachtgebet vor dem Zubettgehen: den ausklingenden Tag noch einmal als geistigen Film erleben und bereinigen, das Wahre, Schöne und Gute segnen und aus tiefstem Herzen dankbar dafür sein.

Der wahrhaft Strebende denkt und fühlt wie Franz von Assisi: »Ach Herr, lass Du mich danach trachten, nicht dass ich getröstet werde, sondern dass ich andere tröste, nicht dass ich verstanden werde, sondern dass ich andere verstehe, nicht dass ich geliebt werde, sondern dass ich andere liebe, denn wer da hingibt, der empfängt, und wer sich selbst vergisst, der findet!«

8 Die Dauer eines Gebetes

In dieser Beziehung können wir von unseren christlich-orthodoxen Brüdern lernen. Jene sagen, dass wir so lange beten sollen, bis wir eine Brücke vom Unglauben zum Glauben geschlagen haben und ein Gefühl der Befreiung und Erfüllung erleben.

Je nachdem, wie tief wir im Glauben verankert sind, kann dies sehr schnell gehen – oder unendlich lange dauern.

Alsdann heißt es, in dieser für uns neuen Überzeugung voranzuschreiten, aus neuer Sicht »zu sehen« und auf neuer Empfindungsebene »zu fühlen«, was wahr ist. Auch dann, wenn es dem entgegensteht, was wir durch unsere Sinne wahrnehmen können. Das bedeutet, im Vertrauen auf die Wahrheit Gottes zu leben.

Haben wir diese neue und gewünschte Bedingung innerlich erkannt, dann denken, fühlen und handeln wir einfach so, als ob sie bereits gegeben wäre, ohne auf äußere Erscheinungen zu reagieren. Äußere Erscheinungen sind nur Spiegelungen unserer Vorstellungsbilder.

Jetzt stellt sich die Frage, in welchem Bewusstsein wir leben: im Bewusstsein der Erfüllung oder im Bewusstsein des Mangels und der Begrenzung.

Wir sind nicht von Gott getrennt. In unserer Überzeugung, er sei weit von uns entfernt, liegt die Ursache all unserer Probleme und unseres ganzen Missgeschicks. Solange wir glauben, wir seien von Gott abgeschnitten, beten wir in flehender Weise. Wissen wir jedoch, dass sich Gott in dieser Welt durch uns auszudrücken sucht, nehmen wir unseren rechtmäßigen Besitz als Kinder Gottes in Anspruch.

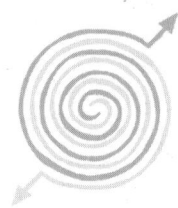

9 Der Ort für ein Gebet

Jesus sagte, das Gebet sei eine sehr persönliche Angelegenheit und brauche nicht von anderen gehört zu werden; es handele es sich um eine stille Kontaktaufnahme mit dem Vater.

Im wahrsten Sinne des Wortes tragen wir unsere »Hauskapelle« stets bei uns, wohin wir auch gehen. Überall können wir uns in uns selbst zurückziehen, sogar innerhalb einer großen Menschenmenge. Jede Minute des Tages steht es uns offen, dort Einkehr zu halten, indem wir uns bewusst nach innen wenden. Jeder kann in seinem »stillen Kämmerlein« beten, im geheimen Gemach seines Gemütes, wann immer er will. Dort werden wir Gott finden, weil er hier auf uns wartet.

Wenn wir unser »stilles Kämmerlein« betreten, schließen wir die Tür vor gegenwärtigen Zuständen, Begrenzungen und Erscheinungsbildern. Dort offenbaren wir in der Einswerdung mit dem Absoluten all unsere Nöte.

Sobald wir diese unsere geistige Quelle gesucht und gefunden haben, sind wir auch in der Lage, alle Mühe und Anspannung, alles verworrene Denken der Vergangenheit oder des jetzigen Augenblicks loszulassen.

Die Bibel enthält zahlreiche Aussagen darüber, welche Orte Jesus zum Beten aufsuchte: »Er ging auf einen Berg, um zu beten …«, »er ging an einen einsamen Ort und betete …«, »er zog sich in die Wüste zurück und betete …«, »er verbrachte die ganze Nacht im Gebet …«, um nur einige Beispiele herauszugreifen.

Wenn wir die innere Bedeutung dieser Hinweise verstehen, erkennen wir, dass es sich bei den genannten Orten um Bewusstseinszustände handelt. Die Wüste stellt »die Öde unerleuchteten Denkens« dar. Befinden wir uns »in der Wüste«, haben wir das Gebet am nötigsten. Mit anderen Worten: Wir müssen danach streben, göttliche Inspiration zu empfangen.

Auf einen Berg zu gehen bedeutet hier, sein Denken auf eine hohe Ebene geistigen Bewusstseins zu erheben. Sich an einen einsamen Ort begeben heißt, sich aus der Verwirrung und dem chaotischen Denken der Welt zu lösen.

Die Nacht schließlich symbolisiert eine Phase der Verdunkelung des menschlichen Bewusstseins oder einen Zustand der Unwissenheit. Während der Nacht zu beten, bis der Tag anbricht, heißt nichts anderes, als dass wir in den dunklen Bewusstseinsperioden so lange nach der Einheit mit dem Unendlichen trachten sollen, bis wir geistige Erkenntnis oder gar Erleuchtung erlangen.

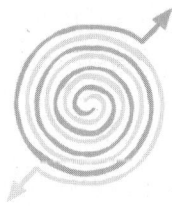

10 Die sieben Schritte zu einem wirksamen Gebet

1. Schritt: Die Vorbereitung

Wenn ich mich nicht in meinen Gedanken verliere, sondern nur als reiner Beobachter fungiere, erkenne ich auf einmal die Situation ganz klar. Ich nehme wahr, was ist und was sein sollte. Dann gehe ich bewusst in die Stille und bitte um innere Führung, damit ich auch das *richtige Ziel* wähle: »Vater, zeige mir den Weg – gib mir ein Zeichen Deiner Führung.« Ich verweile in diesem Zustand so lange, bis ich Gewissheit darüber habe, was für mich und andere das Beste ist.

Sodann lasse ich alle Hindernisse in mir los. Ich mache mich frei von unerwünschten Gedanken und Bildern. Vor allem löse ich jegliche Schuldgefühle auf. Auch ein mangelndes Selbstwertgefühl stellt ein Hindernis dar. Ich fühle, dass ich es wert bin, Erfüllung zu empfangen.

Ich lasse meine Vergangenheit bewusst hinter mir und richte mein Bewusstsein auf die Vollkommenheit meines wahren Selbst. Ich befreie mich von allen negativen Gedanken, Gefühlen, Sorgen und Ängsten, indem ich sie in der Erkenntnis meines wahren Wesens auflöse.

Ebenso gebe ich all meine Erwartungen an andere auf und akzeptiere jeden Menschen so, wie er ist. Ich lasse jeden Gedanken des Mangels oder der Begrenzung aus meinem Bewusstsein ziehen und wende mich ganz der Fülle der einen Kraft zu.

Dann drücke ich das erwünschte Endergebnis in Wort und Bild aus. Ich sehe es deutlich vor mir. Ich fühle mich wert, Erfüllung zu erlangen, und identifiziere mich mit dem Resultat, ich sehe und erlebe mich in der Erfüllung.

Meine Formulierungen sind immer positiv und in der Gegenwartsform. Sie enthalten keine Absichten wie »ich will, ich werde, ich möchte« und keine Verneinungen wie »nie wieder Kopfschmerzen, nie wieder zu wenig Geld« oder Ähnliches.

Meine Formulierungen sind präzise und vollständig. Ich wende mich also stets vertrauensvoll dem Wahren, Schönen und Guten zu, das auf mich zukommen soll, und denke nicht an das, was vergehen soll.

2. Schritt: Die Verbindung

Nun gebe ich mich mit Freude ganz dem Einen hin. Mein Bewusstsein geht auf in der Hingabe an Gott. Ich erwache zur Wirklichkeit und spüre die Allgegenwart Gottes. Ich bin mit mir und der Welt im Einklang und spüre einen tiefen Frieden in mir. So verbinde ich mich bewusst mit dem schöpferischen Geist Gottes.

Jedes Gebet beinhaltet eine bewusste Vereinigung mit dem Geist Gottes und ein Gewahrwerden seiner lebendigen inneren Gegenwart. Noch nie hat sich jemand im Gebet mit Gott verbunden, ohne dadurch innerlich und äußerlich zu wachsen.

Ich entspanne mich also, lasse bewusst mein kleines Ich los und wende mich dem Einen zu. Ich sammle die Vielfalt meiner Gedanken und richte sie ganz auf den Einen. Ich vergesse meinen Körper und unerwünschte Zustände. Ich erfülle mein Bewusstsein mit der Kraft der Gegenwart Gottes. Vertrauensvoll übergebe ich Gott die bildliche Darstellung des erwünschten Endzustandes. Ich halte dieses Bild in meinem Bewusstsein fest, sehe es klar vor mir und fühle mich wert, die Erfüllung *jetzt* in Empfang zu nehmen, und danke dafür.

3. Schritt: Die Übereinstimmung (Vereinigung)

Das im Gebet gesprochene Wort ist ein Ausdruck der Harmonie und des Friedens zwischen Gottes Willen und meinem Willen. Das heißt auch, dass jedes Wort in Übereinstimmung mit den geistigen Gesetzen steht. Demgemäß erwarte ich keine Ernte, bevor ich gesät habe. Ich kenne das Gesetz, verstehe es und wende es richtig an.

Je mehr ich mein Bewusstsein erweitere, desto kraftvoller werden meine Gedanken und desto leichter und schneller tritt die Erfüllung ein. Je größer aber die Kraft ist, die ich in Bewegung setze, umso mehr wächst auch meine Verantwortung. Ein falscher Gedanke, der früher wenig Bedeutung gehabt hätte, zieht nun ernste Folgen nach sich.

Wenn ich mir dessen bewusst bin, erkenne ich immer deutlicher meinen Weg und achte darauf, dass jeder meiner Schritte mit den göttlichen Gesetzen übereinstimmt und geradewegs zum Ziel führt. Ich weiß, dass ich wirkliche Erfüllung erst erlangen kann, wenn ich meiner wahren Bestimmung folge.

Vor meinem inneren Auge sehe ich mich bereits in der Erfüllung und nehme wahr, wie ich mich dabei fühle und verhalte, aber ich bestimme nicht, wie die Erfüllung aussehen soll. Ich halte das Bild der göttlichen Ordnung fest, ohne mir eine konkrete Vorstellung vom Ergebnis zu machen. Ich vermeide jegliche Eigenwilligkeit, die doch nur Schicksal nach sich zieht, und bleibe so im Einklang mit der Schöpfung. Ich handle aus dem Einssein heraus, und auch mein Gebet ist Teil dieser allumfassenden Harmonie.

4. Schritt: Der Glaube

Glaube heißt absolute innere Gewissheit der Erfüllung. Erst der Glaube bringt die Kraft zur Entfaltung. Nur er zeigt, wie viel wir bereit und fähig sind, an Erfüllung zu empfangen. Denn wir erhalten nur so viel Erfüllung, wie wir anzunehmen vermögen.

Wenn wir glauben, dass unser Gebet in geistiger Hinsicht bereits Erfüllung gefunden hat, dann spüren wir ein starkes Glücksgefühl, verbunden mit der hundertprozentigen Gewissheit, dass sich nun auch im materiellen Bereich Erfüllung manifestieren wird.

Jeder Mensch glaubt irgendwie, doch je nach dem »Wie« arbeitet sein Glaube für oder gegen ihn. Denn die Kraft des Glaubens verwirklicht das, wovon ich im Innersten überzeugt bin. Auch wer glaubt, dass er nicht glaubt, der glaubt doch. Nur eben das Falsche, das Gegenteil seiner wahren Erfüllung.

Glaube ist ein inneres sicheres Wissen, das nicht auf äußeren Beweisen beruht. Es kommt einem inneren Erkennen der Wahrheit und Wirklichkeit gleich. Wissen stellt Tatsachen fest, Glaube aber schafft Tatsachen durch dankbares Bejahen der inneren Wirklichkeit. Der Glaube bildet daher den wichtigsten Teil des Gebetes, bestehend aus der Erkenntnis, dass Gott sein Werk stets vollendet, wenngleich die Erfüllung nicht immer unseren Vorstellungen entspricht.

Letztlich beseitigt die Kraft des Glaubens alle Hindernisse und verwirklicht das, was ich im Innersten beharrlich gläubig bejahe. Denn »alle Dinge sind möglich dem, der glaubt«. Jesus sagte immer wieder: »Dir geschehe nach deinem Glauben.« Das ist ein geistiges Gesetz. Uns allen geschieht ständig nach unserem Glauben. Denken und handeln wir also so, dass wir *das Richtige* glauben.

5. Schritt: *Selbst zur Erfüllung beitragen*

Auf meiner subjektiven Ebene tue ich natürlich alles mir Mögliche, um das erwünschte Ergebnis herbeizuführen. Will ich das große Los ziehen, dann kaufe ich mir ein Los. So gut ich kann, sorge ich dafür, dass ich der Erfüllung nicht im Wege stehe.

Dazu gehört auch die gute Tat, die der Größe des Wunsches entsprechen sollte. Denn man kann nur nehmen, was man gibt. Erst kommt das Säen, dann das Ernten.

Das Gebet stärkt unser Vertrauen in die Gewissheit der Erfüllung, aber es schärft auch unsere Sinne für die Wahrnehmung dessen, was wir zur Erfüllung beisteuern können. Was Gott *für* dich tun will, das kann er nur *durch* dich tun. Beten und arbeiten gehören zusammen.

Was ich zur Erfüllung beitragen kann, ist die Glaubensstärke im Gebet. Ich wiederhole also den Schöpfungsakt, bis sich der ersehnte Endzustand manifestiert hat oder ich die innere Gewissheit der Erfüllung spüre.

Strebe ich nach Erfüllung, darf ich mich nicht auf ewig in mein »stilles Kämmerlein« einschließen. Vielmehr reiche ich dem Schicksal die Hand, am besten gleich beide Hände. Dann wird es umso schneller eine von beiden ergreifen.

In der Bibel heißt es: »Suchet, so werdet ihr finden, bittet, und euch wird gegeben werden, klopfet an, und euch wird aufgetan« (MATTHÄUS 7,7).

6. Schritt: Das Danken

Dankbarkeit schließt uns an die Fülle der einen Kraft an, öffnet uns die Tür zum Wohlstand. Ebenso wie ein Haus erst beleuchtet werden kann, nachdem es an das Stromnetz angeschlossen worden ist, kann sich Erfüllung erst dann voll manifestieren, wenn wir sie dankbar bejahen.

Aber auch wenn die Erfüllung nicht unseren Vorstellungen entsprechen sollte, gilt es sie dankbar zu bejahen. Denn wir bekommen das, was wir brauchen, und das entspricht nicht immer dem, was wir haben wollen.

Erkennen wir in Dankbarkeit, durch wie viele Aufgaben Gott uns schon sicher hindurchgeführt hat, und vertrauen darauf, dass er uns auch jetzt helfen wird, alle Hindernisse zu beseitigen.

Durch unsere Dankbarkeit zeigen wir, dass wir wirklich glauben und der Erfüllung gewiss sind. Geben wir uns dankbar dem Bewusstsein hin, dass alles, was uns widerfährt, zu unserem Besten dient, auch wenn es nicht immer angenehm sein mag. Wie oft hat sich schon ein vermeintliches Unglück in Wahrheit als Segen erwiesen?

Danken wir auch dafür, dass wir wissen, was zu tun ist, und dass wir es tun dürfen. Und wenn wir es vollbracht haben, danken wir dafür, dass es damit verrichtet ist, wenngleich es noch einige Zeit dauern mag, bis die Saat aufgeht. *»Danke Vater, dass Du mich mit allem versorgst, was ich zu meinem freien Ausdruck benötige!«*

7. Schritt: Das Wiederholen

Wenigstens einmal täglich sollten wir uns Zeit zum Meditieren und Beten nehmen. Meister Eckehart sagte: »Im Gebet spreche ich zu Gott, in der Meditation spricht Gott zu mir.«

Räumen wir uns jeden Tag Zeit ein, um uns in stillem Frieden und Dankbarkeit dem Einen zuzuwenden und im Bewusstsein unseres wahren Wesens eins zu sein mit dem Einen, bis unser ganzes Leben zum Gebet geworden ist.

Solange wir aber noch Wünsche hegen, heißt es, den Schöpfungsakt des Gebetes täglich zu wiederholen, bis sich die Erfüllung manifestiert. Das zeugt keineswegs von mangelndem Glauben, sondern vielmehr von Klarheit und Festigkeit im Glauben.

Durch die Kraft des Gebetes erfüllen wir uns unsere Wünsche, bis wir nur noch von dem einen Wunsch erfüllt sind: eins zu sein mit dem Vater. Bis es nicht mehr seinen und meinen, sondern nur noch seinen Willen gibt, der mein Leben völlig bestimmt. Dann kann ich sagen: *»Der Vater und ich sind eins.«* Nun findet sich nichts Trennendes mehr, mein ganzes Leben ist ein einziges Gebet geworden. Nichts mehr will ich haben, sondern nur noch geben, wie ich selbst so überreich empfangen habe.

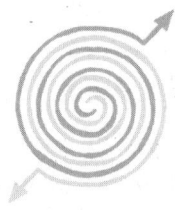

II Die verschiedenen Gebete

Das Bittgebet

Die häufigste Art des Gebetes ist das Bittgebet. Wo aber eine Bitte ist, konzentriert man sich meist auf das Problem statt auf die Lösung und schenkt so dem Negativen zu viel Aufmerksamkeit. Ebenso entsteht durch das Bittgebet leicht ein Gefühl des Getrenntseins, obwohl es in Wirklichkeit keine Trennung gibt.

Unerwünschte Umstände kann man nicht durch schöne Worte zum Besseren wenden, ohne einen entsprechenden Wandel im Bewusstsein zu vollziehen. Bleibt dieser Bewusstseinswandel aus, folgt zwangsläufig eine Enttäuschung.

Manche Menschen stoßen aufgrund charakterlicher Unzulänglichkeiten ständig auf Schwierigkeiten und bitten um die Auflösung ihrer Sorgen, ohne jedoch bereit zu sein, die Auflösung ihrer Schwächen in Angriff zu nehmen. Wir können für einen selbst verschuldeten Mangel keine Belohnung erwarten. Vielmehr machen wir dadurch eine Lektion des Schicksals notwendig, die meist nicht lange auf sich warten lässt. Das Schicksal zwingt uns auf diese Weise, endlich das »Notwendige« zu tun.

Wieder andere Menschen beklagen sich, dass sie ihr Leben in Einsamkeit zubringen müssten, keine Freunde hätten und sich niemand um sie kümmern würde. Ändern kann sich daran aber nur etwas, wenn sie bereit sind, sich selbst zu verändern. Andernfalls vermag auch das inbrünstigste Gebet nicht zu helfen.

Wer vor seinen Aufgaben davonzulaufen versucht, wird sich vergeblich bemühen. Egal wie schnell er sich entfernt, seine Probleme bleiben bei ihm. Sie sind so lange in seinem Bewusstsein verankert, bis er sie dort beseitigt.

Weder schlechte Zeiten noch ungünstige Umstände vermögen uns daran zu hindern, unser Bewusstsein zu verändern, wodurch sich dann auch unser Leben verändert.

Wir könnten wie ein Gott durch die Welt gehen, wenn wir bereit wären, uns zu ändern. Erst wenn wir den alten Menschen in uns sterben lassen, wird der neue geboren.

Regelmäßiges Beten führt zu unserer Befreiung, weist uns den Weg in die Freiheit. Nicht erleuchtete Menschen beten um materielle Dinge oder um einen Wandel ihrer Umstände, beinahe erleuchtete Menschen stimmen sich auf Gott ein, und der wahrhaft Erleuchtete ruht in der Harmonie der Gegenwart Gottes.

Wir sollten jedoch nicht angespannt, überanstrengt oder übereifrig beten. Denn Gott hat niemals Eile. Er wirkt ohne Anstrengung, alles geschieht zur rechten Zeit.

Haben wir eine Verhandlung mit anderen Menschen auszutragen, dann räumen wir Gott einen Platz auf beiden Seiten des Tisches ein. So wird das Ergebnis für alle Beteiligten ein wirklicher Erfolg werden.

Es kann eine Zeit lang dauern, bis wir aus dem Dunkel der Trennung zurück ins Licht der Erkenntnis gefunden haben. Befinden wir uns aber erst einmal bewusst auf diesem Weg, gibt es keine Eile mehr. Geduld und Gelassenheit begleiten uns fortan in allen Lebenssituationen.

Wenn wir schon um etwas bitten, dann sei es um Führung, um die Kraft, der Versuchung zu widerstehen, oder um Beistand, aber nicht darum, dass in diesem oder jenem Punkt unser Wille geschehen möge.

Erbitten wir die Erkenntnis unseres wahren Selbst, wahre Selbsterkenntnis und Hilfe bei der Selbstverwirklichung, dann können wir sicher sein, dass wir erhört werden.

Bei objektiver Betrachtung trennt uns von Gott jedes Gebet, das um etwas Geringeres als um die Einheit mit Gott ersucht, weil wir dadurch ausdrücken, dass uns etwas anderes wichtiger ist als er. Sobald wir aber bewusst eins sind mit Gott, brauchen wir um gar nichts mehr zu bitten, weil es uns dann von selbst zuteil werden wird.

In welcher schwierigen Lage wir uns auch immer befinden mögen, solange wir nur danach trachten, Gott näherzukommen, wird sich auch ein Weg finden, das Problem auf richtige Weise zu lösen. Immerhin deutet es schon auf eine Entwicklung hin, wenn wir statt um ein leichtes und bequemes Leben um Kraft und Führung bei der Überwindung unserer stets selbst verschuldeten Schwierigkeiten bitten.

Prüfen wir einmal den gedanklichen Inhalt folgenden Beispiels: »Bitte, lieber Gott, schenk mir Ruhe und Frieden.« Oder: »Bitte, bitte, gib mir meinen Mann/meine Frau zurück.«

In einem solchen Gebet steckt vor allem zu viel Zweifel.

»Lieber Gott« drückt die Fehlansicht aus, man müsse Gott schmeicheln, wenn man etwas von ihm erbitten will. Aber Gott ist Liebe, man braucht ihm nicht zu schmeicheln. »Lieber Gott, bitte schenk mir …« heißt: Gott möge etwas bewirken, das man selbst nicht vermag – Gott, der so fern ist, irgendwo im Himmel. Aber Gott ist doch in uns!

»Bitte, bitte« ist eine Form der Überredung, die wir nicht gebrauchen müssen, weil Gott allwissend, allmächtig und voller Weisheit ist. »Gib mir meinen Mann zurück« bedeutet: »Ich *will* ihn haben, ungeachtet aller Konsequenzen.« Aber Gott ist Harmonie und Frieden.

Weitaus vielversprechender ist es, sich in echter Hinwendung zu Gott dessen Attribute zu vergegenwärtigen und dann voll Zuversicht und Vertrauen wie folgt zu beten:

»Gott, Du bist vollkommener Friede …«

Wir werden uns des göttlichen Aspektes entsprechend dem persönlichen Anliegen bewusst.

»Gottes Geist wohnt in mir (ich bin ein Kind Gottes) und ich habe Anteil an Gottes vollkommenem Frieden …«

Wir werden uns der Einheit mit Gott bewusst, also auch der Einheit mit Ruhe und Frieden.

»Göttliche Ruhe und Frieden erfüllen mich …«

Wir werden uns der eigenen Möglichkeiten aufgrund unserer »Gotteskindschaft« bewusst, oder anders ausgedrückt, aufgrund der Tatsache, dass wir an die Naturgesetze des Geistes angeschlossen sind.

> *»Mein Mann kommt zurück, wenn es unserem Wohle dient …«*

Wir vertrauen auf die Führung und Fügung der kosmischen Ordnung und nehmen dabei unseren eigenen Willen zugunsten der Idee des Friedens und der Harmonie zurück.

Ähnlich wie das vorherige Beispiel lässt sich das folgende Gebet kritisch zerlegen: »Bitte, lieber Gott, lass mich die Prüfung bestehen!« Dieses Anliegen findet einen besseren Ausdruck, wenn das Gebet lautet: »Ich habe mein Bestes getan. Gott ist vollkommenes Wissen. An diesem Wissen habe ich Anteil. Alles, was ich brauche, befindet sich abrufbereit in mir. Ich bin voll Zuversicht und Ruhe. Ich schaffe es. Ich segne meine Prüfung und bin dankbar.«

Das Gebet für andere

Auch wenn ich für einen anderen bete, darf ich Gott nicht vorschreiben, wie die Erfüllung aussehen soll. Es genügt, den Namen der betreffenden

Person in mein Bewusstsein zu rufen und Gott dafür zu danken, dass er nun diesem Menschen Kraft und Freude schenkt. Dabei ist es nicht einmal erforderlich, dass ich das Problem des anderen kenne.

Ebenso sollten wir für unsere sogenannten Feinde beten, indem wir uns dankbar vor Augen führen, dass sie mehr zu unserer Entwicklung beitragen als unsere besten Freunde. Auch sie erkennen wir als den vollkommenen Ausdruck des einen Bewusstseins an.

Zum Abschluss unseres Gebetes für andere bitten wir um das Wohl aller Menschen, um niemanden auszuschließen. Das können wir jedem unserer Gebete hinzufügen.

Das Dankgebet

Danken kommt von Denken. Denken wir daran, dass wir mit nichts auf diese Welt gekommen sind und dass alles, was wir besitzen, uns gegeben wurde. Dafür danken wir, wir haben allen Grund dazu.

Aber leider schauen wir gern auf das wenige, das uns unserer Meinung nach fehlt, statt für das viele zu danken, das wir erhalten haben.

Danken wir Gott für jede Mahlzeit, für unsere Kleidung, unser Geld, unseren Besitz, unsere Arbeit und mehr noch für unsere Gesundheit, für unseren Schlaf, für unseren Partner, unsere Kinder, unser Glück. Seien wir dankbar dafür, dass wir, wenn wir Geld ausgeben, dazu in der Lage sind, weil wir welches haben. Aber ebenso gilt es, anderen gern und bereitwillig etwas zu geben. Für jeden noch so kleinen Betrag, den wir bekommen, dürfen wir dankbar sein, denn alles ist ein Geschenk Gottes. Dankbarkeit ist eine Voraussetzung dafür, dass der Strom der Fülle niemals versiegt.

Dahinter steckt das Geheimnis rechten, erfolgreichen Betens: Gott dafür zu danken, dass das Erwünschte bereits jetzt erfüllt worden ist. Hierin zeigt sich der wahre Glaube, der Berge versetzen kann, auch Berge an Schwierigkeiten. »Bittet und glaubt, dass ihr erhalten habt, und euch wird gegeben werden« (MATTHÄUS 7,7–11 – zahlreiche Parallelen bei MARKUS, JOHANNES und LUKAS).

Diesen Glauben bewies Jesus, als er sagte: »Vater, ich danke Dir, dass Du mich erhört hast, und ich weiß, dass Du mich allzeit erhörst« (JOHANNES 11,41–42).

Ein dankbarer Gedanke gen Himmel ist das vollkommenste Gebet.
LESSING

Das Vermittlungsgebet

Jahrhundertelang glaubte der Mensch, ein armer Erdenwurm zu sein. Er fühlte sich fern von Gott, weitab von seinem ewigen Schöpfer. Die Vorstellung fiel ihm schwer, eins mit dem zu sein, der ihn geschaffen hat.

Das Vermittlungsgebet entstammt dem Glauben, dass der Unendliche dort oben weilt und ich, der Mensch, hier unten bin, fern von ihm. Gott würde mich nicht erhören, da ich nicht genug Autorität und Einfluss besitze. Darum benötige ich einen Vermittler, einen Zwischenträger, jemanden, der auf Gott Einfluss ausüben kann und zudem in der Lage ist, auch mit den geringeren Wesen, den Menschen, Verbindung aufzunehmen.

Und so spricht der Mensch mit dem Vermittler und der Vermittler mit Gott. Dieser Vermittler muss natürlich eine ganz besondere Persönlichkeit sein, von der man annimmt, dass sie einen direkten Draht zu Gott habe – etwa ein Priester oder Pastor, einer, der im Himmel spezielle Privilegien genießt.

Ein Beispiel für ein solches Vermittler-Gebet ist die Anrufung der Heiligen. Wenn wir zu einem Heiligen mit der Bitte um Vermittlung beten, dann ist das so, als würde man einen Geistlichen oder Heiler ersuchen, für uns zu meditieren. Dadurch geben wir zu, dass wir in unser eigenes Gebet kein Vertrauen haben und jemanden als Zwischenträger brauchen, den wir als würdig erachten.

Vermutlich basierte diese Entwicklung auf den Worten Jesu: »Niemand kommt zum Vater denn durch mich« (JOHANNES 14,6). Aber wie so oft ist der Meister hier wohl wieder einmal missverstanden worden. Jesus identifizierte sich so vollkommen mit dem Christus, dass er als der Christus sprach – »Er hielt es nicht für einen Raub, Gott gleich zu sein« (PHILIPPER 2,6). Jesus bezog sich auf die innewohnende Gegenwart Gottes. Kein Mensch kommt zum Vater, es sei denn durch die Pforte des Christusbewusstseins. Niemand gelangt zum Allmächtigen als durch göttliches Bewusstsein, »das auch in Christus Jesus war« (PHILIPPER 2,5), also durch jenen inwendigen Geist, der eins mit dem Geist des Unendlichen ist.

Jesus wusste, dass wir nicht vor Gott kriechen und ihn irgendwo da oben suchen oder anrufen müssen. Nein, wir können durch die Pforte des Christusbewusstseins gehen, jenes höheren Bewusstseins, das mit dem kosmischen Bewusstsein eine Einheit bildet, mit Gott. Jesus bezog sich auf den zweiten Schritt des wissenschaftlichen Gebets, der Vereinigung des Gottessohnes mit der göttlichen Quelle. Seine Gebete waren in der Tat wissenschaftlich, und das ist auch der Grund, warum sie erhört wurden.

Wir brauchen keinen Vermittler, wenn wir »jenen Geist in uns haben, der auch in Christus Jesus war«. Christus wohnt in unserem Innern, ist unsere Pforte, unsere Verbindung mit der allmächtigen Kraft.

Das Gebet aus Liebe

Wir können anderen helfen, indem wir ihnen Liebe senden!

Es gibt eine göttliche Energie, die noch kraftvoller ist wie die geistige Energie, die wir »Liebe« nennen. Die Herzenswärme, die wir für ein geliebtes Wesen fühlen, kommt der physischen Reaktion, die wir von dieser Energie erfahren, empfindungsgemäß am nächsten. Aber es handelt sich weder um Sentimentalität noch um körperliche Liebe, sondern um etwas ganz anderes, Erhaberneres. Und es ist eindeutig eine Energie. Für die Astralsinne ist sie wirklich spürbar und von rosa Farbe – keinem farblichen oder stofflichen Rosa, sondern dem Rosa des Lichts wie bei einem Sonnenuntergang.

Dies ist eine Energie, die wir bewusst wahrnehmen und an einen anderen weitergeben können.

Sie ist wie Essen, wie Nahrung für sein gesamtes Sein. Der Empfänger profitiert von ihr in jeder Hinsicht. Denn dieser Liebe entspringt nur Gutes. Hier brauchen wir nie zu befürchten, einen Fehler zu begehen. Jedes Geben, jedes Senden beinhaltet Gutes. Das ist es, was Jesus Christus den Menschen zu erklären versuchte.

Es gibt viele Methoden, diese Botschaft der Liebe heilsam und freudig einzusetzen. Alle Religionen legen die eine oder andere Form nahe, die jedoch gewöhnlich in die Atmosphäre des jeweiligen Dogmas eingehüllt ist. Daneben stehen einige einfache Verfahren zur Auswahl, die nichts mit irgendeiner organisierten Religion zu tun haben.

Hier ist eine Methode, die sehr gut funktioniert. Sie verbindet drei Elemente: eine bildliche Vorstellung, ein Gefühl und einen Willensakt. Wie bei dem beschriebenen Gebet der Rosenkreuzer und wie es bei fast allen menschlichen Bemühungen um die Beeinflussung von Energie der Fall ist, sind sowohl die bildliche Vorstellung als auch der Wille erforderlich. Allerdings kommt hier ein neues Element hinzu: das Gefühl.

Und so gehen Sie vor:

1 Schaffen Sie ein Gefühl der Liebe, der Wärme, des Wohlwollens in der Mitte der Umgebung Ih-

res Herzens. Visualisieren Sie dabei eine lichtvolle rosafarbene Aura, die von Ihrem Herzen ausströmt und Ihren ganzen Körper umhüllt.

2 Stellen Sie sich sodann die Person (das kann auch eine Gruppe oder ein Wesen sein) vor, der Sie helfen möchten. Sehen Sie sie ganz klar vor Ihrem geistigen Auge.

3 Nun senden Sie durch einen Akt des Willens einen Teil Ihrer Aura in Form einer rosa Wolke zu der Person Ihrer Wahl. Empfinden Sie Liebe für diesen Menschen und sehen Sie, wie die rosa Wolke ihn mit einer schützenden rosa Aura umschließt.

4 Anschließend lassen Sie jeden Gedanken daran augenblicklich los und betrachten den Auftrag als »erfüllt«.

Mit der richtigen Verfahrensweise erzielt man ganz erstaunliche Ergebnisse. Gewöhnlich muss dieser Vorgang viele Tage lang wiederholt werden, bevor sich Resultate zeigen, die sich dann aber in bemerkenswerter Weise äußern. Beim Senden von Liebe ist es wichtig, kein bestimmtes Ergebnis vor Augen zu haben oder sich zu wünschen. Keinerlei Planungen dieser Art darf es aufseiten des

Senders geben. Die Manifestation muss der Intelligenz der Geisteskraft überlassen werden, welche die Energie in Tätigkeit setzt. Dann stellt sich immer eine höchst wünschenswerte Wirkung ein.

Daneben wird auch dem Sender in mehrerlei Hinsicht geholfen:

1 Es entsteht eine Verbindung zu jenem Empfänger, aus der ein größeres Verständnis zwischen dem Sender und dem Empfänger erwächst.

2 Das Selbstbewusstsein des Senders, das Bewusstsein seiner eigenen Fehler, Schwächen und Illusionen wird bis zu einem Punkt gesteigert, an dem er sich zum Teil als fähig erweist, sein eigenes Leben zu reinigen und mit größerer Selbstbestimmung seines Umfelds zu agieren und ohne Probleme in einem Umfeld zu agieren, das den Freiraum einer größeren Selbstbestimmung genießt.

3 Der Sender empfängt einen Energiezustrom von einer Quelle, die man nur als starke spirituelle Kraft bezeichnen kann.

Das sind die Vorteile, die als Ergebnis einer täglichen Ausübung dieses Gebets der Liebe beobachtet worden sind, einer Praxis, die nur ein bescheidenes Maß an Denken und Handeln und nicht mehr als fünfzehn Minuten Zeit erfordert. Empfinden Sie Liebe. Senden Sie Liebe. Packen Sie einen kleinen Teil dieses – wie Jesus es nannte – »himmlischen Königreichs« ein und schenken Sie es einem anderen, damit es wie das Senfkorn in jenem Gleichnis (MATTHÄUS 13,31) wachsen und vielen Kraft und Frieden bringen kann.

Das Segnen

Unsere Lebensumstände sind lediglich ein Spiegelbild unseres Bewusstseinszustandes. Sie besitzen nur die Eigenschaften, die wir ihnen in unserem Bewusstsein attestieren. Wenn wir etwas im Leben durch Druck verändern wollen, lösen wir eine Resonanz des Gegendrucks aus – und es wird uns »erdrücken«.

Die schönste aller Formeln aber lautet, alles zu segnen. Denn wenn ich etwas bekämpfe, wird es auch mich bekämpfen, wenn ich aber etwas segne, wird es auch mich segnen, mir zum Segen werden. Was immer ich segne, hat keine Macht mehr, mich zu verletzen, und muss sich letztlich zu meinem Besten wenden.

So sollten wir jeden Menschen segnen, egal wie er sich verhalten haben mag, und ebenso jede

Situation, um das Beste zu erreichen. Denn der Segen dabei ist, dass alles, was ich segne, mir zum Segen wird – werden muss!

Segnen wir also unseren Körper. Und macht uns ein Körperteil Schwierigkeiten, so segnen wir diesen Teil oder das Organ (aber niemals die Krankheit!). Wir segnen unseren Beruf, unser Haus und ganz besonders unsere Familie. Wir segnen Freunde und Feinde, Stadt und Land, alles, was uns widerfährt und unser Leben ausmacht. Auf diese Weise wird uns alles zum Segen.

Das Zweitschönste ist, gesegnet zu werden, das Schönste aber ist, zu segnen.

Dr. Joseph Murphy

Begegnen wir allem, was geschieht, mit Dankbarkeit und Liebe. Der eine kann seinen Nachbarn nicht ausstehen, den anderen ärgert das laute Zuschlagen der Türen im Haus, den dritten das Geknatter der Motorräder, das Hundegebell oder das zu laute Fernsehgerät in der Wohnung nebenan. Solche Störungen und Verstimmungen werden umso ärger, je mehr man sich darüber aufregt. Wenn wir hingegen die Dinge, die uns reizen oder zur Weißglut bringen, segnen, sie in Liebe und Gelassenheit betrachten, werden uns diese Störungen nicht mehr berühren.

Solange wir bestehenden Widrigkeiten erlauben, uns emotional zu erregen, machen wir sie immer quälender und zu Zerstörern unseres inneren wie äußeren Friedens und unserer Nervenkraft. Begegnen wir ihnen dagegen mit Gedanken des Segens und der Liebe, dann setzen wir eine Verwandlung in Gang, wodurch sich diese Störungen stufenweise auflösen und wir zu größerem Wohlsein und Freude finden.

Schlussgedanken:
Wir beten entsprechend unseres Verständnisses

Menschen auf der ersten Stufe der seelischen Entfaltung, der Stufe des materiellen Bewusstseins, beten ohne wissendes Verstehen. Sie bitten blind einen Gott, den sie nicht begreifen.

Aber auch diejenigen, die sich bereits auf der zweiten Stufe befinden, zeigen diese Tendenz. Oder sie beten zu verstorbenen Verwandten, zu »unsichtbaren« Heiligen und Meistern. Sie meinen, ein Mensch, der heimgegangen sei, könne als Mittler zwischen ihnen und Gott fungieren. Sie geben sich mit der Idee zufrieden, dass sie durch eine Art mentale Telepathie eine Seele zu erreichen vermögen, die erleuchteter sei und Dinge für sie erledigen oder auf das Gesetz Einfluss nehmen könne.

Auf der dritten Stufe, auf der sich geschulte Metaphysiker und langjährig Praktizierende mentaler Techniken bewegen, wendet der Mensch die Gesetze des mentalen Gegenwertes oder die Technik der schöpferischen Imagination an.

Jenseits dieser Stufen lässt der Mensch zu allen Zeiten »Gottes Willen geschehen«, ruhend in der Gewissheit, dass der Geist das Beste in allen Dingen kennt. Der Mensch ist erwacht und weiß, dass es ihm an nichts mangelt. Deshalb gibt es nichts mehr, wofür er beten könnte. Er steht in der Erkenntnis des Himmels, wo alles bereitgestellt ist. Er weiß, dass alles, was der Vater hat, auch ihm gehört.

Manche Menschen erreichen einen hohen Grad in der Fähigkeit, durch rechtes Denken und Beten ihre Wünsche zu verwirklichen und zu einem erfolgreichen und erfüllten Leben zu finden. Wenn sie aber Gott wirklich suchen, kommt ein Zeitpunkt in ihrem Leben, an dem all ihre Gebete »unbeantwortet«, all die Bejahungen ihrer Wünsche vergeblich bleiben. Das ist ein Zeichen dafür, dass sie an die Schwelle der nächsthöheren Stufe getreten sind und der Hilfsmittel der unteren Stufen nicht mehr bedürfen!

12   Das Vaterunser

»Vater unser ...«

Jesus hat immer wieder betont, dass der Schöpfer nicht nur *sein* Vater sei, sondern *unser* Vater. Das heißt, wir alle sind Brüder und Schwestern.

Der Begriff »Name« steht in der Bibel für »Wesen«. Vater bezeichnet daher den Ursprung von allem, der gesamten Schöpfung.

Der Vater ist allgegenwärtig, allmächtig, allwissend. Das bedeutet: Er ist wirklich überall und hat von allem Kenntnis.

Das Kind aber gleicht seinem Vater. Wir sind ein Teil des Vaters, denn er ist allgegenwärtig, also auch in uns. Darum erben wir all das, was des Vaters ist: Leben, Licht, Weisheit, Wahrheit, Kraft und Harmonie.

Dies alles steht uns bereits jetzt als unser Erbe zu, aber wir müssen es auch annehmen, indem wir uns von dem Unvollkommenen ab- und uns ganz dem Vater zuwenden.

Jesus sagte einmal: »Wenn ihr, die ihr doch voll des Bösen seid, dennoch euren Kindern gute Gaben gebt, wie viel mehr wird euer Vater im Himmel, der All-Gute, für euch tun« (MATTHÄUS 7,11).

So richten wir uns bei der Anrufung »Vater unser« an den vollkommenen Vater, der sich liebevoll seinen Kindern (Geschöpfen) zuwendet.

Diese Feststellung »Vater unser« lenkt unser Bewusstsein auf das Wesen Gottes, das gleichzeitig auch unser Wesen bestimmt. Denn es ist ein Naturgesetz, dass Gleiches Gleiches erzeugt. Da Gott vollkommen ist, muss das wahre Wesen des Menschen ebenfalls göttlich und vollkommen sein.

Daher sind wir unserem wahren Wesen nach schon jetzt vollkommen, ja, wir waren es immer. Gott hat nichts Unvollkommenes geschaffen, da seine Schöpfung seinem Wesen entspricht. Wir sind bereits vollkommen, auch wenn wir dieses Erbe noch nicht angetreten haben und diese Vollkommenheit noch sehr unvollkommen zum Ausdruck bringen.

Mit diesen zwei Worten »Vater unser« ist alle alte Theologie mit ihrem Rachegott, mit Auserwählten und Hölle widerlegt. Der allgegenwärtige Gott gibt sich als der liebevolle Vater aller Menschen zu erkennen, als der Vater der gesamten Schöpfung.

Wenn wir über den wahren Inhalt dieses einen Wortes nachdenken und uns wirklich bewusst machen, dann kommen wir zu dem Schluss, dass sich alle Schwierigkeiten und Krankheiten von selbst auflösen müssten, weil sie etwas Unvollkommenes darstellen und damit nicht unserem wahren Wesen entsprechen.

Damit verschwinden alle Ängste vor dem Leben oder einer unsicheren Zukunft und natürlich auch die Furcht vor dem Tod. Wie könnte ich Angst davor haben, dass mein wahres Wesen zu seinem Ursprung zurückkehren darf? Wenn wir dieses eine Wort wirklich verinnerlichen, löst es alles Negative in unserem Leben für immer auf. Deshalb steht dieses Wort am Anfang des Vaterunser.

Das Geschöpf, das in der Sünde (Trennung) lebte, kehrt zurück zu seinem Vater, der es jederzeit liebevoll aufnimmt, wie es das Gleichnis vom verlorenen Sohn schildert. Die Trennung ist beseitigt, die Einheit wiederhergestellt.

So gibt es weder Juden noch Christen, weder Farbige noch Weiße, weder arm noch reich, weder frei noch unfrei, sondern nur *Kinder des einen Vaters!*

»… der Du bist im Himmel …«

Diese Worte besagen, dass alles in der Schöpfung seinen Platz hat. Der Platz Gottes ist im Himmel und der Platz der Menschen, seiner Geschöpfe, hier auf Erden, also in der Schöpfung.

Jeder hat seinen Platz und seine eigene Rolle im Schöpfungsplan. Obwohl wir eins sind, sind wir doch nicht ein und dasselbe. Das stellte Jesus ganz klar heraus.

Gott ist nicht ein Teil der Schöpfung, sondern der Vater, die Ursache der Schöpfung. Und obwohl er allgegenwärtig ist, findet sich sein Platz doch im Himmel. Der Mensch aber bildet einen Teil der Schöpfung und hat als solcher auch seinen Teil zu erfüllen.

Nach dem Schöpfungsplan ist es unsere Aufgabe, vollkommen zu werden, wie der Vater im Himmel vollkommen ist. Das heißt: unser wahres Wesen, das auch das Wesen des Vaters ist, vollkommen zum Ausdruck zu bringen, auf dass die Vollkommenheit der Schöpfung sichtbar werde.

Sobald wir daher unsere Freiheit missbrauchen und vom Schöpfungsplan abweichen, leben wir in Sünde, in Trennung. Damit ist das Schicksal geboren. Eigenwilligkeit verursacht Schicksal, das jedoch nur als eine liebevolle Ermahnung dient, in die Einheit, nach Hause, zurückzukehren.

Der Himmel ist nicht irgendwo außerhalb der Schöpfung und unerreichbar für uns, sondern in uns selbst. Jesus sagte: »Denn sehet, das Reich Gottes ist inwendig in euch« (Lukas 17,20–21). Deutlicher kann man es nicht formulieren. Der Himmel stellt keinen Ort dar, sondern einen Bewusstseinszustand. Unsere Bestimmung lautet, in die vollkommene Gegenwart Gottes und damit in den Himmel zurückzukehren. Zurückzukehren zu unserem Ursprung, nach Hause zum Vater.

»… geheiligt werde Dein Name …«

Der Name steht für das Wesen. Das Wort »geheiligt« hat denselben Wortstamm wie »heil«, »heilen«, »heilsam« oder »geheilt«. Wir ersehen daraus, dass Gottes Wesen nicht nur anbetungswürdig ist, sondern heil, also vollkommen. Dieses Wort führt uns die Vollkommenheit der Wesenheit Gottes noch einmal vor Augen.

Das heißt aber, dass etwas, das einer vollkommenen Ursache entspringt, ebenfalls vollkommen sein muss. Und das bedeutet nichts anderes, als dass Krankheit, Unglück, Leid und Tod nicht von Gott stammen können, weil sie Ausdruck der Unvollkommenheit und Disharmonie sind.

»Geheiligt werde Dein Name« besagt also: Du bist ausschließlich gut und führst nur vollkommen Gutes herbei. Daraus folgt, dass das Unvollkommene und Disharmonische nicht von Gott herrühren kann, sondern auf einen anderen Schöpfer zurückzuführen ist.

Da Gott aber auch die vollkommene Gerechtigkeit ist, kann das Unvollkommene und Disharmonische auch nur den treffen, der es verursacht hat. Alles andere wäre ungerecht. Also muss der, der Unrecht leidet, auch der Schöpfer desselben sein. Aber das Unrecht ist im Grunde kein Unrecht, sondern nur der gerechte Ausgleich für die gesetzte Ursache.

Wir erkennen, dass es weder unverdientes Glück noch unverdientes Leid geben kann. Jeder bekommt das, was er selbst verursacht. Der Mensch erntet nur, was er gesät hat. Diese vollkommene Gerechtigkeit soll ihm helfen, zur Vollkommenheit zurückzufinden. Die Vollkommenheit des Lebens ist dort, wo du stehst. »Der Ort, darauf du stehst, ist heilig Land« (Exodus 3,5). Wo immer wir sind, da ist Gott!

»… Dein Reich komme …«

Der Mensch ist Ausdruck der Vollkommenheit Gottes. Er besitzt schöpferische Kraft. Denn seine Aufgabe lautet, Mitschöpfer zu sein und die Vollkommenheit der Schöpfung zum Ausdruck zu bringen.

»Dein Reich komme« heißt: Ich bin bereit, den Schöpfungsplan zu verwirklichen, dazu beizutragen, die Vollkommenheit auch auf meiner Ebene zu manifestieren. Das beinhaltet ebenso, meinen Platz und meine Aufgabe anzunehmen und zu bejahen und somit selbst ein stimmiger Teil der allumfassenden Harmonie der Schöpfung zu sein.

Es bedeutet aber auch zu erkennen, dass mein Platz dort ist, wo ich jetzt stehe, um den Augenblick zu erfüllen. Nicht mehr zu fragen, was ich vom Leben will, sondern zu erfüllen, was das Leben im Augenblick erfordert. Wenn ich dazu bereit bin, stehen mir alle Türen offen, sämtliche Hindernisse lösen sich auf und mein Leben ist ein einzigartiger Erfolg, ist ein erfülltes Leben.

Ich weiß, dass ich das Reich Gottes an jedem Ort zum Ausdruck bringen kann. Denn es ist nicht wichtig, wo ich stehe, sondern wie ich dort stehe.

Ich erkenne, dass das Reich nicht zu mir kommt, aber dass es auf mich zukommt, sobald ich bereit bin. Zufriedenheit erlange ich, wenn die Umstände mit meinen Erwartungen übereinstimmen, glücklich kann ich aber nur werden, wenn ich die Erwartungen des Lebens erfülle und mich im Einklang mit der Schöpfung befinde.

»Dein Reich komme« heißt also: Ich bin bereit, hier und jetzt das Meinige zu tun.

»... Dein Wille geschehe, wie im Himmel,
also auch auf Erden ...«

Wir sagen zwar: »Dein Wille geschehe«, aber wenn er wirklich geschieht, dann sind wir damit meist nicht einverstanden. Wir gebrauchen unseren freien Willen auf negative Weise, indem wir eigensüchtigen Gedanken nachhängen und damit all unser Leid verursachen. Wir wollen nach unseren eigenen Vorstellungen leben, anstatt unsere Bestimmung zu erfüllen, nämlich Gott und somit unserem wahren Wesen Ausdruck zu verleihen. Wir missbrauchen unseren freien Willen, indem wir versuchen, ohne Gott zu leben.

Manche verkennen die Wirklichkeit so sehr, dass sie glauben, es sei Gottes Wille, dass sie krank sind oder alles verloren haben. Gott will aber, dass wir vollkommen sind. Also sollten wir seinen Willen erfüllen, sollten den Willen Gottes wollen, das heißt unseren eigenen Willen in seinen Willen einfließen lassen und aus dieser Einheit heraus handeln.

Sobald wir uns eigenwillig zeigen, trennen wir uns von Gottes Willen und damit von Gott selbst und leben in Sünde. »Dein Wille geschehe« meint, die Trennung aufzuheben, die Sünde aufzulösen und in den Willen Gottes zurückzukehren.

»Wie im Himmel, also auch auf Erden« heißt, die Vollkommenheit auch in der Schöpfung zu manifestieren, das Bewusstsein des inneren göttlichen Wesens sichtbar zu machen in unserem Leben, in unserer Welt.

Die »Hölle« kennzeichnet die Verfassung einer Seele, die ohne Gott zu leben versucht. Der »Himmel« bezeichnet den Zustand einer Seele, die die Vollkommenheit Gottes gänzlich zum Ausdruck bringt. Und das »Fegefeuer« markiert den Status einer Seele, die von dem einen Zustand zum anderen zu gelangen sucht.

Unser Wille ist uns gegeben, damit wir ihn zu Gottes Willen machen und aus dieser Einheit heraus leben.

» … unser tägliches Brot gib uns heute …«

Mit »Brot« ist hier natürlich nicht nur die Nahrung gemeint, sondern alles, was wir zum Leben brauchen. Dabei gilt es sich zu verinnerlichen, dass Gott immer der Geber, die Gabe und der Empfänger ist, egal durch welchen Kanal uns etwas zufließt.

»Heute« heißt in dem Augenblick, in dem ich es benötige, also stets zur rechten Zeit.

Wie Kinder an ihren Vater wenden wir uns mit der Bitte vertrauensvoll an Gott, uns all das zu geben, wessen wir zum Leben bedürfen. Er weiß, was wir wirklich brauchen. Er ist die einzige wahre Quelle, aus der wir jederzeit schöpfen können.

Wenn wir an diese Quelle des All-Guten glauben und uns vertrauensvoll zu ihr hinkehren, werden all unsere wahren Bedürfnisse zum richtigen Zeitpunkt gestillt werden. Dazu gehören natürlich in erster Linie unsere geistigen Bedürfnisse, das Brot des Lebens, wie Jesus es nannte. Denn unserer wahren Natur nach sind wir geistige Wesenheiten.

Unsere Begegnung mit Gott sollte daher stets lebendig sein und Tag für Tag erfolgen, damit wir unser tägliches Brot empfangen. Das tägliche Brot steht für lebendige Gotteserkenntnis im Hier und

Jetzt. Denn die Kunst des Lebens besteht darin, bewusst den gegenwärtigen Augenblick zu leben, diesen Augenblick so vollkommen zu gestalten, wie es unsere Erkenntnis zulässt, und ihn ganz zu erfüllen – und nicht vom Brot von gestern zu zehren.

Die beste Art, sich auf das Morgen vorzubereiten, ist, das Beste aus dem Heute zu machen. Wer immerzu den Augenblick erfüllt, der blickt eines Tages auf eine unendliche Kette erfüllter Augenblicke zurück, auf ein erfülltes Leben.

Wer Gott aber nicht als die Quelle wahrnimmt, die ihn versorgt, sondern die Befriedigung seiner Bedürfnisse von außen erhofft, der wird bald Mangel erleiden, weil er Erfüllung von einer zweitrangigen Stelle erwartet. Erschöpft sich diese Stelle, ist seine Versorgung gefährdet und Bedürftigkeit die Folge.

Die Quelle des Einen aber versiegt nie, solange wir ihr gläubig zugewandt bleiben. Es spielt dann keine Rolle mehr, ob wir unsere Stellung verlieren oder unser Geschäft schließen müssen. Es ist nur ein Zeichen dafür, dass Gott einen anderen Kanal für unsere Versorgung gewählt hat.

Dazu genügt es jedoch nicht, Gott formal anzuerkennen oder über geistige Dinge in noch so schönen Worten zu reden. Deshalb beten manche oft jahrelang ohne sichtbaren Erfolg. Jedes wahre

Gebet aber wird stets sofort beantwortet, wenngleich die Erfüllung zunächst auf der Ebene der Ursachen erfolgt und es einige Zeit dauern kann, bis sie sich auf der Ebene der Wirkungen manifestiert.

Wenn ein Mann Kinder in die Welt setzt, ist er auch dazu verpflichtet, sie zu versorgen. Da wir Gottes Kinder sind, dürfen wir von ihm erwarten, dass er uns im rechten Augenblick alles gibt, was wir wirklich benötigen. Sein Wille ist es, dass wir ein gesundes und glückliches Leben führen, dass wir uns stetig weiterentwickeln bis zur Vollendung.

Dazu aber braucht ein Kind die Hilfe des Vaters.

Wir können uns auf seinen Beistand verlassen, müssen aber unseren Teil dazu beitragen. Er versorgt uns mit allem Erforderlichen, lehrt uns das nötige Wissen und lenkt unsere Schritte in die richtige Richtung. Gehen müssen wir aber selbst.

So lasst uns gehen, im Vertrauen auf die vollkommene Versorgung durch die eine wahre Quelle.

» ... und vergib uns unsere Schuld,
wie auch wir vergeben unseren Schuldigern ...«

An dieser Stelle des Gebetes sind wir nun gefordert. Hier wird uns erklärt, dass wir selbst die Voraussetzung für die Erfüllung schaffen müssen, in uns selbst, in unserem Verhalten. Kein Gedanke, kein Wort ist hier zu viel; mehr wäre überflüssig, weniger unvollständig. Diese wenigen Worte sagen alles, was für unsere Erlösung notwendig ist.

Vergib und dir wird vergeben werden, gib und dir wird gegeben werden. Was du säst, wirst du ernten.

Unser wahres Wesen bildet eine Einheit mit Gott, legt Zeugnis ab von seinem Wesen. Gott aber ist die Liebe. Er vergibt uns schon im Vorfeld alle unsere Missetaten. Denn Vergebung ist ein wesentlicher Bestandteil der Liebe. Solange wir daher nicht zu vergeben bereit sind, leben wir in Sünde, spalten wir uns von unserem wahren Wesen ab.

Liebe will geben. Liebe fließt durch jeden freien Kanal. Durch eigensüchtige Gedanken, Feindseligkeit, Hass, Verstimmung, Eifersucht, Angst und Neid trennen wir uns von unserem wahren Selbst, blockieren den Kanal und verhindern Erfüllung.

Jesus sagte: »Denn so ihr den Menschen ihre Fehler vergebet, so wird euch euer himmlischer Vater auch vergeben. Wo ihr aber den Menschen ihre Fehler nicht vergebet, so wird euch euer himmlischer Vater eure Fehler auch nicht vergeben« (MATTHÄUS 6,14–15).

Gott kann uns gar nicht vergeben, solange unsere Lieblosigkeit anderen gegenüber den Fluss seiner Liebe behindert. Unsere Sünde schneidet uns von seiner Liebe ab.

Doch nicht nur unseren Mitmenschen gilt es zu verzeihen, sondern auch uns selbst. Andernfalls leben wir abseits von Gott, versuchen, ohne ihn auszukommen, als ob es ein Leben ohne ihn geben könnte.

Dadurch aber trennen wir uns von der Quelle, die uns versorgt. Der Strom versiegt und wir sind allein. Nicht weil er uns seine Liebe versagt hätte, sondern weil wir uns ihm versagen.

Der einzige Weg, diese Blockade zu beseitigen und den Kanal für seine Liebe und Vergebung wieder frei zu machen, besteht darin, selbst zu vergeben. Denn nur so kann sein Wesen durch uns Ausdruck finden.

Ebenso gilt es zu berücksichtigen, dass Vergebung nur dann vonnöten ist, wenn zuvor eine Verurteilung stattfand. Doch zu richten, steht uns nicht zu. »Richtet nicht, auf dass ihr nicht gerichtet werdet, denn mit dem Maß, mit dem ihr messt, wird euch gemessen werden« (MATTHÄUS 7,1–2). Auch hier stoßen wir wieder auf dasselbe Gesetz.

Es lässt sich nicht oft genug betonen: Wir müssen *unbedingt* vergeben. Solange wir dies nicht tun, verharren wir in Sünde. Wir können für diese sture Haltung keine Belohnung erwarten. Wir müssen den anderen aus der Schuld entlassen, um der eigenen Freiheit willen, die wir nur auf diesem Weg erlangen können.

Vergeben ist ganz einfach. Es genügt die Bereitschaft, den anderen von der Schuld loszusprechen, sich bewusst zu machen, dass wir selbst noch nicht vollkommen sind. Also dürfen wir das auch nicht von anderen erwarten. Ich muss keineswegs gutheißen, was der andere getan hat, und ihn auch nicht unbedingt sympathisch finden. Aber ich muss Verständnis zeigen und ihm verzeihen können.

In die Stille zu gehen und für den anderen zu beten, ihn im Zwiegespräch mit Gott freizusprechen, ist eine sehr schöne Vorgehensweise. Damit haben wir die betreffende Schuld ein für alle Mal vergeben, sodass wir dieses Gebet nicht zu wiederholen brauchen.

Es sollte für uns zur Selbstverständlichkeit werden, täglich Vergebung zu üben und jeden aus seiner Schuld uns gegenüber zu entlassen. Das kann im Speziellen geschehen, indem ich mir eine bestimmte Person oder ein Vergehen ins Bewusstsein rufe und die Schuld auflöse, oder allgemein, indem ich denke, spreche oder bete: »Ich vergebe allen voll und ganz.«

Als krönenden Abschluss der Vergebung kann ich den anderen segnen. Wenn ich mich auf diese Weise stets frei mache von nachtragenden und verurteilenden Gedanken, halte ich den Kanal offen und bleibe im Strom göttlicher Fülle. Unser eigener Anspruch auf Vergebung hängt hiervon ab. Wir stehen vor der Wahl, entweder allen zu vergeben oder erst gar nicht zu beten.

» … und führe uns nicht in Versuchung,
sondern erlöse uns von dem Übel …«

Je weiter wir auf dem geistigen Pfad voranschreiten, desto vielfältiger und höher werden die Hürden, die wir zu überwinden haben, um nicht vom Weg abzukommen. Unsere Aufgabe lautet, uns durch nichts in Versuchung führen zu lassen und Gott diesbezüglich um Beistand zu bitten. Genau das beinhaltet dieser Gebetsabschnitt.

In unserem Bewusstsein sei fest verankert, dass wir durch die Allgegenwart des Unendlichen vollkommene Versorgung erfahren, und nichts soll uns dazu verleiten, die eine Quelle und die eine Kraft aus den Augen zu verlieren.

Man hat viele Versuche unternommen, diese Zeile im Vaterunser zu ändern, aber das griechische Original lässt sich nicht anders übersetzen. Auf den ersten Blick würde es viel sinnvoller erscheinen, wenn wir beteten: »Und führe uns *in der* Versuchung.« Denn gerade dann brauchen wir Gottes Hilfe besonders dringend. Doch das Original geht über diese Bitte weit hinaus, indem es die Versuchung, Gott aus dem Bewusstsein zu verlieren und verführt zu werden, erst gar nicht aufkommen lassen will.

So erkennen wir, dass auch dieser Teil des Gebetes genau den Sinn wiedergibt, der der wahren inneren Bedeutung entspricht. Denn die Versuchung lauert überall. Niemand, der eine gewisse geistige Reife entwickelt hat, wird jemanden bestehlen oder eine andere Straftat begehen. Aber vielleicht kann er der Versuchung nicht widerstehen, materiellem Gewinn, Ehren oder Auszeichnungen nachzujagen, anstatt im Sinne Gottes zu wirken.

Ebenso könnte es sein, dass er sich in seinen Entscheidungen von persönlicher Sympathie leiten lässt, statt alle Menschen gleich zu behandeln, jeden als inkarnierte Gottheit zu achten und sich entsprechend zu verhalten.

Denkbar wäre auch, dass die reife Seele sämtlichen Versuchungen nicht nachgegeben hat und schließlich ihrer letzten Unvollkommenheit erliegt: dem geistigen Hochmut. Auch geistiger Adel verpflichtet. Und wer wirklich Bescheid weiß, der wird sich immer bescheiden zeigen. Denn Bescheidenheit kommt von Bescheidwissen.

Manche Menschen, die schon viele Male Standhaftigkeit bewiesen haben, lassen sich dazu verleiten, Gott um mehr Versuchungen zu bitten, um sich noch stärker prüfen zu können. Auch dem sollten wir widerstehen und uns stattdessen wünschen, dass uns keine Versuchung ereilen möge, der wir auf unserer gegenwärtigen Bewusstseinsebene noch nicht gewachsen sind.

»Und führe uns nicht in Versuchung, sondern erlöse uns von dem Übel« heißt also: Hilf mir, zu der Erkenntnis der Wahrheit und Wirklichkeit zu gelangen, auf dass mir nichts mehr eine Versuchung sei, Gott auch nur einen Augenblick aus dem Bewusstsein zu verlieren. Auf dass ich von dem Übel erlöst sei, dem Übel des falschen Denkens und Handelns, der Selbstsucht und des Eigenwillens, damit mich nichts mehr von Gott trennen kann.

»… denn Dein ist das Reich und die Kraft
und die Herrlichkeit, in Ewigkeit …«

Der letzte Teil des Gebetes führt uns noch einmal vor Augen, dass Gott alles in allem ist. Das »Reich« bezeichnet ja die gesamte Schöpfung. Alles, was ist, ist ein Ausdruck der Gegenwart Gottes, und zwar auf allen Ebenen des Seins.

Die »Kraft« steht natürlich für die Macht Gottes. Wir erkennen deutlich, dass es nur eine Macht geben kann, die Macht Gottes, und daneben keine andere, auch nicht die Macht des Bösen. Denn das Böse besitzt keine Macht an sich, sondern resultiert nur aus der Abwendung vom Guten, von der einen Kraft und erschöpft sich als missbrauchte Macht.

Unsere Kraft ist also in Wirklichkeit die Kraft Gottes, die durch uns wirkt, und seine Macht unsere Macht, wenn wir im Einklang mit der einen Kraft und nicht aus Eigensucht heraus handeln. Gott wirkt durch mich als ich. »Nicht ich tue die Werke, sondern der Vater in mir tut die Werke«, (JOHANNES 14,13 und andere) sagte Jesus in Anerkennung der Tatsache, dass alle Kraft bei Gott wohnt.

Wir neigen dazu, die Herrlichkeit Gottes zu preisen, solange die Dinge scheinbar gut für uns laufen. Sind wir aber auch zum Lobpreis bereit, wenn vermeintlich schlechte Zeiten anbrechen? Im Vaterunser heißt es »in Ewigkeit«. Und zur Ewigkeit gehört, dass wir tagaus, tagein – in alle Ewigkeit – die Erkenntnis in unserem Bewusstsein tragen, dass Gott alles in allem ist und dass nur seine Kraft als einzig wirkliche Macht existiert. Wenn wir dies in unserem Bewusstsein verankern, wird unser ganzes Leben zum Gebet, sind wir eins mit Gott.

» ... Amen ...«

Vielleicht haben Sie sich schon einmal gefragt, warum wir am Ende eines Gebetes »amen« sprechen. Viele Aussagen Jesu beginnen mit: »Wahrlich, wahrlich ich sage euch ...«, was im Hebräischen »amen« heißt.

Amen als Adjektiv bedeutet im Neuen Testament »fest« oder »glaubensvoll«, als Adverb »gewiss«, »sicherlich«, »wahrlich«. Die Verdopplung verstärkt die Betonung. Das Amen am Ende eines Gebetes heißt also: »So sei es«, »das ist ganz gewiss« oder »so ist es wirklich«.

Und so sollte es auch wirklich sein, das Amen, dessen wahre Bedeutung Martin Luther so lehrte: »Zuletzt achte darauf, dass du das Amen jedes Mal stark machen musst und nicht zweifeln darfst, Gott höre dir gewisslich mit allen Gnaden zu und sage ja zu deinem Gebet … Und geh nicht (weg) vom Gebet, du habest denn gesagt oder gedacht: Wohlan, dieses Gebet ist bei Gott erhört, das weiß ich gewiss und fürwahr. Das heißt amen.«

13 Warum die meisten Gebete nicht erhört werden

Sicherlich kennen auch Sie das Gefühl der Enttäuschung, wenn nach einem inbrünstigen Gebet Ihre Erwartungen nicht erfüllt werden. Dann fragt man sich natürlich: Hat Gott mich nicht gehört? War mein Wunsch unberechtigt? Gibt es überhaupt einen Gott? In einer solchen Situation neigen wir dazu, die Ursache überall zu suchen, nur nicht bei uns selbst.

Nur wenige stellen sich dann die richtigen Fragen:

❖ Habe ich wirksam gebetet?
❖ War ich wirklich eins mit Gott, als ich betete?
❖ War das überhaupt ein Gebet?

Tatsache ist, dass Gebete immer wieder auf wunderbare Weise Erhörung und Erfüllung finden. Kann es denn sein, dass Gott einige Menschen bevorzugt? Ist es vielleicht Gottes Wille gewesen, dass ich mein Kind, meine Stellung oder meinen

Besitz verloren habe? Dass ich krank bin oder arbeitslos?

Nun, ein Gott der Liebe führt sicherlich nichts Negatives mit uns im Schilde, also kann es nicht sein Wille sein, dass wir leiden.

Wenn ich krank bin oder leide, weist das darauf hin, dass ich die schöpferische Kraft fehlgeleitet habe. Es ist Gottes Wunsch, dass ich in die Harmonie zurückkehre.

Mitunter hört man sagen: Wenn ich für andere bete, werde ich fast immer erhört, aber sobald ich für mich selbst bete, scheint sich nichts zu tun.

Die Antwort auf ein Gebet ist immer schon in diesem enthalten. Das heißt, dass jedes wirkliche Gebet auch stets erhört wird. Nur mangelt es uns häufig an der nötigen Vorbereitung, sodass die meisten sogenannten Gebete erst gar nicht bei Gott ankommen, weil sie nie »abgeschickt« wurden.

Geistige Schuld, Hemmungen, Existenzängste, Burn-out-Syndrom usw. blockieren uns und verhindern, dass wir zum Kanal werden.

Andere rücken Gott in so weite Ferne, dass er unerreichbar für sie bleibt. In Wahrheit aber ist Gott uns so nah, dass wir nicht zu ihm beten können, ohne zu unserem eigenen wahren Selbst zu beten. Solange wir Gott in lichten Höhen wähnen, dürfen wir uns nicht wundern, wenn wir sein

Wort in unserem Inneren nicht vernehmen können.

Jeglicher Glaube, dass wir uns an etwas wenden würden, das sich nicht in uns selbst, inmitten unseres Bewusstseins befindet, errichtet eine Schranke zwischen uns und Gott. Darin besteht die einzige Sünde: Sünde ist alles, was mich von Gott trennt.

Wieder andere sind so egoistisch, dass sie darauf bestehen, die Erfüllung ihrer Gebete in der Weise zu erhalten, wie es ihren Wünschen entspricht.

Wenn unsere Gebete also nicht erhört werden, dann liegt die Ursache dafür in unserem Bewusstsein, das mit menschlichen Beurteilungen so angefüllt ist, dass wir unfähig sind, die gegebene Erfüllung zu erkennen und freudig anzunehmen.

Jakobus sagte: »Ihr bittet und empfanget nicht, darum dass Ihr übel bittet« (JAKOBUS 4,3). Ein Gebet, das auf dem Glauben beruht, dass ein Wunsch unbedingt erfüllt, ein Schicksal aufgehoben oder ein Anliegen bereinigt werden müsse, intendiert nichts anderes, als Gottes Schöpfung verbessern zu wollen. Dieser Irrglaube drückt sich in einem Gebet aus, das Gott dazu auffordert, etwas zu tun, zu schicken oder zu heilen.

Solange sich ein Gebet mit einem Problem oder Umstand beschäftigt, befasst es sich nicht mit

Wirklichkeit, und das heißt, dass wir nicht richtig beten.

Sobald wir uns aber dem Wahren, Schönen und Guten zuwenden und es in unserem Gebet vertrauensvoll bejahen, erlangen wir Erfüllung. Ja, sie hat sich dann bereits geistig vollzogen.

Die gewöhnliche Art zu beten trennt uns von Gott und schließt Erfüllung aus. So ist auch jede Bettelei vergeblich und überflüssig. Wir brauchen Gott nicht zu besänftigen oder zu versöhnen; wir können ihn durch unser Gehabe nicht beeinflussen und ihm schon gar nicht irgendwelche Aufträge erteilen.

Aber viele Menschen verwechseln Gott nun einmal mit einem Versandhaus und das Gebet mit einem Warenbestellschein.

Eine wichtige Voraussetzung, um wirksam beten zu können, ist das Geben: »Gebet und euch wird gegeben werden.« Wir sind nicht nur verantwortlich für das, was wir tun, sondern genauso für das, was wir tun sollten, aber unterlassen.

Eine andere häufige Blockade besteht in dem Unvermögen zu vergeben. Im Vaterunser heißt es: »Vergib uns unsere Schuld, wie auch wir vergeben unseren Schuldigern.« Das ist ein geistiges Gesetz: Wir können nur in dem Maße empfangen, wie wir geben. Wir können nur ernten, was wir säen.

Manch einer sagt vielleicht: Wie kann ich diesem Menschen verzeihen, wo er mir doch dieses oder jenes angetan hat?

Ich stelle die Gegenfrage: Wie können Sie es sich leisten, ihm nicht zu vergeben und sich dadurch vom Gott der Liebe und Harmonie zu distanzieren?

Besser ist es jedoch, erst gar nicht zu verurteilen. Solange ich nicht verurteile, brauche ich auch nicht zu vergeben. Wie sagte Jesus doch: »Darum, wenn du deine Gabe auf dem Altar opferst und wirst eingedenk dabei, dass dein Bruder etwas wider dich habe, so lass all da deine Gabe vor dem Altar und gehe zuvor hin und versöhne dich mit deinem Bruder und alsdann komme und opfere deine Gabe« (MATTHÄUS 5,23–24).

Opfern heißt, seine falsche Verhaltensweise aufzugeben. In der Bergpredigt hat Jesus darauf hingewiesen, dass bloße Worte vor Gott nichts wert seien (MATTHÄUS 6,7). Nur die Gesinnung und die Tat zählen: ein Denken und Tun, das nicht auf Eigensucht beruht und somit im Einklang mit der Schöpfung steht.

Ebenso wenig sind wir in Harmonie und Liebe mit der Schöpfung verbunden, wenn wir Gedanken der Furcht und des Mangels hegen oder darüber sprechen, wenn wir uns selbst bemitleiden oder Vergangenem nachtrauern, jemanden kritisieren oder verurteilen. Jeder nachtragende Gedanke, geistiger Hochmut und Selbstgerechtigkeit, all das beansprucht einen negativen Gebrauch der Kraft und zieht entsprechende Folgen in unserem Leben nach sich.

Ebenfalls gilt es zu berücksichtigen, dass die Summe der Kraft, über die jemand verfügt, begrenzt ist. Wir sollten sie daher nicht für Unwesentliches vergeuden. Noch weniger dürfen wir sie für Aktivitäten verschwenden, die uns schaden.

Natürlich ist die eine Kraft eigentlich unbegrenzt, nur wir begrenzen sie durch unsere mangelhafte Fähigkeit, uns ihr zu öffnen. In Wirklichkeit steht uns jederzeit unbegrenzte Energie zur Verfügung. Allerdings können wir aus dem Meer nur so viel Wasser schöpfen, wie es die Größe unseres Gefäßes zulässt, aber selbst das scheinen nur wenige tatsächlich zu begreifen.

Wir nutzen unsere Möglichkeiten besser, wenn wir in einer schwierigen Situation sagen: »Im Augenblick mag das ja nicht besonders gut aussehen, aber ich weiß, dass ich es in der Hand habe, die Situation zu ändern. Also öffne ich mich voll der einen Kraft und empfange dankbar Erfüllung.« Dann ist es nur noch eine Frage der Zeit, bis sich die Erfüllung manifestiert – gleichgültig, worum es dabei geht.

Ein anderes Hindernis bildet der Zweifel. Der Zweifel unterbindet Erfüllung. Wir müssen aber wissen, dass die Erfüllung auf einem geistigen Gesetz beruht, wenn wir wahrhaft beten wollen. Und wahrhaft beten heißt, etwas im göttlichen Bewusstsein geistig zu bewirken.

Die gewählten Worte und Gedanken sind dabei nur leere Symbole, deren Wert darin liegt, was sie uns bedeuten und was sie in uns verursachen. Jesus sagte: »Und wenn ihr betet, sollt ihr nicht plappern wie die Heiden, denn sie meinen, sie werden erhöret, wenn sie viele Worte machen« (MATTHÄUS 6,7). Meditation und Gebet fungieren lediglich als Werkzeuge, mit deren Hilfe wir schöpferische Energie auf das Bild der Erfüllung lenken, in der sicheren Gewissheit, dass sich so der erwünschte Endzustand manifestieren wird.

Scheint wirklich einmal ein Gebet nicht erhört worden zu sein, können wir folgende Möglichkeiten in Betracht ziehen: Die Kräfte sind bereits in Bewegung und es braucht nur noch etwas Zeit bis zur Erfüllung; die Erfüllung benötigt unser eigenes Wirken, während wir uns darauf beschränken zu warten; die Erfüllung hat sich bereits in anderer Form als erwartet vollzogen und wir haben sie bloß nicht erkannt.

Suchet und ihr werdet finden (MATTHÄUS 7,7–8)

Suchen sollte man möglichst dort, wo Aussicht besteht, auch etwas zu finden, nämlich in uns selbst. Suchen heißt also, sich in sein Inneres zu versenken, in unsere göttliche Natur, zu sich selbst zu finden und sein wahres Selbst zu erkennen. Erkennen wir, dass der Suchende der Gesuchte ist.

Auf diese Weise vermögen wir auch die Wirklichkeit hinter dem Schein zu sehen. Und wir lernen die geistigen Gesetze kennen. Sie diktieren unser Leben, solange wir sie nicht durchschauen, dienen uns aber, sobald wir über sie im Bilde sind und bewusst mit ihnen umzugehen verstehen. Damit haben wir unser geistiges Erbe angetreten.

Während dieser Suche nehmen wir unser wahres Selbst immer deutlicher wahr, bis wir ganz von uns selbst erfüllt sind. Das heißt bis das wahre Sein unser Bewusstsein vollständig erfasst hat und unser komplettes Leben bestimmt.

Mit der Fähigkeit, jederzeit sein wahres Selbst in der Stille wahrzunehmen und zu erleben, wissen wir uns würdig auf das Gebet vorzubereiten. Das Bewusstsein des Suchenden erlangt immer größere Klarheit, bis er endlich die Einheit seines wahren Selbst mit Gott erkennt. Die Suche hat nun ein Ende, wir sind eins mit Gott und wissen, was »finden« bedeutet. Wir haben gefunden.

Die erste Voraussetzung für wahres Beten ist somit erfüllt worden. Wir haben erkannt, was wahres Beten bedeutet, nämlich seinen eigenen Willen mit dem Schöpfungswillen in Einklang zu bringen. Wer auf diese Weise gefunden hat, kann nimmermehr verlieren. Er hat zu sich selbst gefunden, er ist wieder zu Hause angekommen.

Klopfet, so wird euch aufgetan (MATTHÄUS 7,7–8)

Klopfen heißt, sein Leben so zu gestalten, dass jede Handlung die Ursache für die gewünschte Wirkung setzt.

Das beinhaltet auch, selbst alles zu tun, was zum ersehnten Ziel führt, und zu unterlassen, was die Erfüllung behindert oder gar unmöglich macht.

In diesem Sinne kommt Klopfen einem tatkräftigen Verhalten gleich, sowohl im Inneren als auch im Äußeren. Denn was Gott *für* Sie tun will, kann er nur *durch* Sie tun. Klopfen heißt also, dem Schicksal die Hand zu reichen, auf meiner Ebene alles Erforderliche zu tun, also zu lernen, Schuldgefühle aufzulösen, Schulden zu bezahlen, Erfahrungen und Erkenntnisse einzusetzen, das als richtig Erkannte zu genießen und mit Freude zu leben.

Positive Impulse findet nur derjenige, der wirklich klopft, der eine gerechte Bitte durch freudiges Verhalten bekräftigt und damit eine geistige Ursache legt, sodass sich Erfüllung den geistigen Gesetzen gemäß manifestieren kann.

14 »Gebetsbuchführung«

Verwenden Sie für Ihre Gebetsbuchführung die Arbeitsblätter im Anhang, um gleich damit beginnen zu können. Auf die linke Seite, die Sollseite, schreiben Sie den Inhalt Ihrer Gebete. Tragen Sie all Ihre Gebete mit bejahenden Worten in dieses Formular ein. Achten Sie auf die Formulierung. Widmen Sie sich nicht dem augenblicklichen Mangel oder den Symptomen, sondern formulieren Sie genau das, was Sie sich wünschen. Machen Sie aus Ihrem Wunsch ein wissenschaftliches Gebet, eine geistige Anwendung.

Ein wissenschaftliches Gebet bejaht, dass die Macht des universellen Bewusstseins, das allgegenwärtig und allwissend ist, alle Dinge für uns durch uns tun kann. Es schafft im Geist des Betenden ein Bewusstsein der Einheit mit Gott. Es bejaht, dass die Erfüllung bereits stattgefunden hat, und verkehrt somit einen Glauben an Mangel und Krankheit in einen Glauben an Fülle und Gesundheit. Das wissenschaftliche Gebet vollzieht sich in einem Zustand der Bewusstheit, in dem man für die Erfüllung dankt, als habe sie sich bereits manifestiert.

Sobald Sie Ihr Gebet auf dieser Basis aufgebaut haben, lassen Sie es vertrauensvoll los. Sollten Sie sich dabei ertappen, erneut über Ihr Leid oder Problem zu klagen, dann gehen Sie in die Stille, lesen Sie Ihr Gebet wieder und wieder durch, bis Sie es in festem Glauben und vollkommener Zuversicht loslassen können. »Die Geduld aber soll fest bleiben bis ans Ende, auf dass ihr vollkommen seid und keinen Mangel habt« (Jakobus 1,4).

Warten Sie geduldig und zuversichtlich ab, bis sich die Erfüllung einstellt. Sie wird sich im rechten Augenblick manifestieren, auf richtige und vollkommene Weise.

Legen Sie nicht fest, wie sie sich verwirklichen soll, aber bleiben Sie achtsam, damit Sie sie erkennen, wenn sie zu Ihnen kommt. Denn häufig sind wir so sehr mit neuen Problemen beschäftigt, dass wir gar nicht bemerken, dass das letzte Gebet bereits erhört worden ist. Wir vergessen schnell, wofür wir ehemals baten. Hierin liegt der Wert der Gebetsbuchhaltung, die den Glauben aufbaut und stärkt.

Die Gebetsbuchführung ist einfach zu handhaben, allerdings gilt es die folgenden Anweisungen genau zu befolgen, freudvoll und mutig. Dadurch erfahren wir eine wirksame Glaubenschulung, die wunderbare Ergebnisse erzielt.

Stellen Sie sich die Frage: »Was wünsche ich mir vom Leben am meisten?« Wenn Sie den aufrichtigen Wunsch hegen, etwas dafür zu tun, dann kann Ihnen diese Buchführung wertvolle Dienste leisten. Sie wird Ihnen dazu verhelfen, dass sich herrliche Dinge in Ihrem Leben ereignen, und alsbald werden Sie erkennen, dass es sich um ein »Wunderbuch« handelt.

Das Unternehmen, sein Leben geistig zu leben, beginnt mit einer Danksagung. Auf den ersten Seiten im Anhang schreiben Sie jede Einzelheit nieder, für die Sie zu danken haben. Setzen Sie sich still hin und erforschen Sie im Geist Ihr ganzes bisheriges Leben, um die Dinge zu finden, für die Sie dankbar sind. Ihre Fähigkeiten, Begabungen und Talente, Ihre Familie und Ihre Freunde, Ihr Wohlstand, Ihre Gesundheit, Ihr Glaube, Ihr Glück, Ihr Verständnis, für all das gilt es zu danken. Schreiben Sie alles auf. Nichts ist zu unbedeutend, als dass man dafür keinen Dank aussprechen könnte.

Das ist der erste und bedeutendste Schritt. Er basiert auf einem Lebensgesetz. Solange Sie nicht danken können, ist alles Weitere vergeblich.

Nun denken Sie darüber nach, was Sie gerne in Ihrem Leben hätten oder erreichen möchten.

Vielleicht wünschen Sie sich eine stabilere Gesundheit, einen besseren Arbeitsplatz oder mehr Harmonie in Ihrer Familie. Vielleicht sehnt sich Ihr Herz nach Liebe und Partnerschaft. Was es auch sei, zögern Sie nicht, diese Wünsche niederzuschreiben, und halten Sie sich dabei nicht für selbstsüchtig oder habgierig. Bringen Sie alles zu Papier.

Nachdem Sie Ihre Wunschliste fertiggestellt haben, überprüfen Sie sie noch einmal. Wählen Sie dabei die drei Dinge aus, die Ihnen am wichtigsten erscheinen, und tragen Sie diese sodann in der Rangfolge ihrer Bedeutsamkeit auf die erste unbeschriebene Seite im Buch hinter den Danksagungen. Später werden Sie Ihre Liste vervollständigen, aber in diesem Stadium ist es wichtig, zunächst nur drei Wünsche in das Buch einzutragen.

Der »Erfinder« der Gebetsbuchführung ist Georg Müller, ein Pfarrer, der im vorletzten Jahrhundert in England lebte. In sein Buch, das dreiundneunzig Jahre eines voll ausgekosteten und zufriedenen Lebens widerspiegelt, hat er rund siebenundzwanzigtausend Gebete eingetragen. Auf die Sollseite schrieb er seine Gebete und stellte diesen auf der rechten, der Habenseite die Ergebnisse, also die jeweilige Erfüllung gegenüber. Nach der Überlieferung befanden sich die Soll-

und Habenseite in eincm komplett ausgewogenen Verhältnis. Kein einziges seiner Gebete ist demnach unerfüllt geblieben.

Ich wünsche Ihnen, dass auch Ihre Gebete allesamt erhört werden, und lade Sie herzlich ein, ein ebensolches Gebetstagebuch zu führen. Dazu viel Freude und Mut!

15 ANHANG 1:

Arbeitsblätter zur Gebetsbuchführung

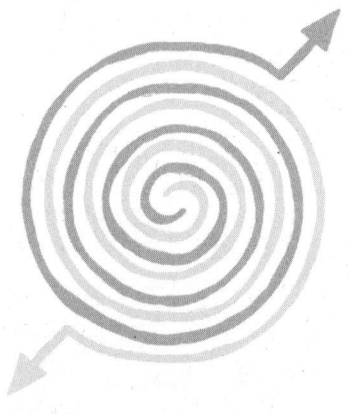

Meine Dankbarkeitsliste

Schreiben Sie hier alles auf, wofür Sie im Leben dankbar sind.

Sie können auch entsprechende Rubriken gestalten wie Erfolg, Glück, Freude, Harmonie, Freundschaft, berufliche Erfüllung, Gesundheit etc. Nachfolgend ein Beispiel für »Gesundheit«:

»Ich danke für meine Vitalität und Gesundheit.
Ich bin dankbar für meine gute Sehfähigkeit.
Ich lebe bewusst im Hier und Jetzt und fühle mich gesund, dafür bin ich dankbar.
Ich danke Gott für mein Wohlbefinden.«

Eine tiefe Dankbarkeit mit Herz ist die beste Heilquelle für meinen geistigen Selbstausdruck. FELIX AESCHBACHER

Meine persönliche Wunschliste

Lassen Sie sich inspirieren und notieren Sie alles, was Sie sich von Herzen wünschen.

Wünsche das Wahre, Schöne und Gute mit Herz und das Beste fließt in Dein Leben. Felix Aeschbacher

Meine drei wichtigsten Wünsche
(in der Reihenfolge ihrer Bedeutsamkeit)

Diese drei Wünsche übertragen Sie anschließend auf die Liste »Meine Gebetsbuchhaltung«. Von Zeit zu Zeit werden Sie neue Wünsche hegen, mit denen Sie dann in gleicher Weise verfahren. Viel Glück!

Erster Wunsch:

Zweiter Wunsch:

Dritter Wunsch:

*Ich segne diese drei Wünsche und danke für ihre schöpfungsge-
rechte Erfüllung.*

Meine Gebetsbuchführung

SOLL	HABEN
Was wünsche ich mir von Herzen am meisten?	Welche Erfüllung haben mir meine Gebete gebracht?

Ich weiß, dass sich meine Wünsche erfüllen, und danke dafür.

Ich danke der unendlichen Intelligenz, Allweisheit und All-Liebe für die Erfüllung meiner Wünsche.

16 ANHANG 2:

Gebete

1 Gebet um Gesundheit und Harmonie

Mein Vater,
Schöpfer und Bildner des Körpers, in dem
ich wohne,
in dem und durch den ich lebe und mich
bewege,
der meine Wesenheit bestimmt,
hilf mir erkennen,
dass meine Seele den idealen Bauplan
meines Körpers
in sich trägt und verwirklichen möchte,
dass alles, was an mir unvollkommen war
oder ist,
seinen Ursprung in falschem Denken
und im falschen Gebrauch Deiner
universalen Gesetze hat.
Und war selbst mein Körper unvollkommen
von Geburt,
so ist auch das die Folge menschlichen
Verhaltens
und nicht göttlicher Bestimmung.

Hilf mir, die Überzeugung zu gewinnen,
dass Deine Schöpferkraft,
die mir einst meine Gestalt verlieh,
für immer in meiner Seele wohnt
und dass sie mir immer zu dienen bereit ist,
wenn ich ihrer bedarf,
dass ich, als Geschöpf mit freiem Willen,
diese gestaltende Kraft selbst zu beherrschen
und einzusetzen vermag
zum eigenen Wohle oder Verderben,
je nach der Art meiner Gedanken und
Gefühle.

In klarer Erkenntnis all dessen,
bitte ich nun die in mir wohnende Schöpferkraft,
dass sie meine körperlichen Unvollkommen-
heiten
korrigiere und beseitige.

Indem ich dies tue, bin ich mir bewusst,
dass Aufbau und Erneuerung sich in jeder
Zelle vollzieht,
in jedem Nerv,
in allen Geweben, Drüsen und Organen,
und dass diese Erneuerung umso stärker
und schneller erfolgt,

je stärker und klarer mein Vorstellungs-
vermögen ist
sowie die Kraft meines Glaubens.

Amen

2 *Gebet um Entfaltung der eigenen Persönlichkeit*

Mein Vater,
der Du mir die unschätzbare Gabe der
Persönlichkeit verliehst,
hilf mir, immer klarer zu erkennen,
dass meine Persönlichkeit
der äußere Ausdruck meiner Seele,
meines wahren Selbst ist
und dass sie verschieden ist von der aller
anderen Geschöpfe Deines unermesslich
großen Reiches.

Hilf mir einzusehen, dass vor Deinem Gesetz
alle Menschen gleich sind,
dass meine eigene Persönlichkeit gleichen
Wert hat
und gleiche Entwicklungsmöglichkeiten
wie jede andere Seele irgendwann und
irgendwo
in Deinem großen ewigen Weltenplan.

Hilf, dass mich immer bewusster das Wissen
durchdringt, dass mir meine Persönlichkeit
ausschließlich und ewig angehört
und dass ich sie nach meinem Wunsche
entwickeln und entfalten kann.

Hilf mir, immer wieder daran zu denken, dass
die Anziehungs- und Strahlkraft *meines*
Wesens immer stärker wird,
je mehr ich andern aufrichtig,
mit Interesse und Hilfsbereitschaft begegne.

Hilf mir, lieber Vater,
dass ich Tag für Tag die Entschlusskraft finde,
meine Individualität durch richtiges Denken
und Handeln zu vervollkommnen,
dass ich alle Gefühle von Angst,
Minderwertigkeit und Überheblichkeit
ebenso überwinde wie Gefühle der
Abneigung gegenüber Menschen, Dingen
und Umständen.

Ich weiß, lieber Vater:
Wenn ich das vermag, dann erfülle ich
zugleich mit der Entfaltung meiner Persönlichkeit Dein ewiges Entwicklungsgesetz.

Amen

3 Gebet um brüderliche Einstellung
zu seinen Mitmenschen

Mein Vater,
dessen Gesetz nur Liebe, Frieden und
Harmonie ist,
hilf mir, auch meine Seele mit Liebe, Frieden
und Harmonie zu erfüllen,
jetzt, da ich mich gläubig Dir und meinen
Mitmenschen öffne.

Hilf mir, Vater, diese Einstellung in meinem
Gemüt zu verankern,
lass sie mir zur zweiten Natur werden,
damit sie mehr und mehr meinen täglichen
Umgang mit andern Menschen – meinen
Brüdern – bestimmt und prägt.
Lass Toleranz, Nachsicht und verzeihendes
Verstehen in mir reifen, damit ich in Liebe
meinen Brüdern begegne, wenngleich
ich um ihre Unzulänglichkeiten ebenso weiß
wie um meine eigenen Fehler, die ich
tagtäglich zu überwinden mich bemühe.

Stärke meinen Glauben an Dich und an
meine Mitmenschen,
indem ich nun versuche,
ihm mit diesen Worten Ausdruck zu
verleihen:

Ich glaube
an einen Gott, der uns allen Vater ist;
an eine Menschheit, in der jeder mein
Bruder ist;
an eine allen Völkern und Rassen
gleichermaßen zukommende Freiheit des
Denkens und Redens.
Ich glaube
an eine Welt, geeint in Arbeit für- und
miteinander;
an Nächstenliebe und gegenseitiges
Verständnis
als den hohen Sinn des irdischen Daseins.
Ich glaube,
dass alle Menschen in solchem Geiste
endlich das eine große Lebensziel erreichen
werden: Friede und Glück.

Amen

4 Dankgebet

Mein Vater,
innig und ergriffen fühle ich mein Herz
überquellen vor Dankbarkeit.
Dankbar bin ich für die Gabe des Lebens,
für das frohe Lebensgefühl,
das mich durchpulst,
für die Dinge unserer Erde,
die Liebe und das Vertrauen,
das Freunde und nahestehende Menschen
mir entgegenbringen,
für die süße Anmut kleiner Kinder und die
Verheißung des Reichtums ihrer Entwicklung.

Dankbar bin ich für die täglich neuen
Gelegenheiten, an Erfahrungen zu lernen
und zu wachsen und meine Mitmenschen
zu lehren, sich selbst zu helfen;
für die Möglichkeit,
hinauszuwachsen über Fehler und
Enttäuschungen

und in Dir Kraft, Weisheit und Mut zu finden,
um das, was mir vom Schicksal bestimmt ist,
zu ertragen im Glauben und Wissen, dass Du,
mein Vater, immer bei mir bist.

Für all dies danke ich aus ganzem Herzen
und im unwandelbaren Bewusstsein,
dass ich abhänge von Deiner göttlichen Kraft
und dass ich all mein Denken in Harmonie
halten muss
mit Deinem Geist, der in mir wohnt,
auf dass mein Wesen sich entfalte
zu immer größerer Zuversicht, Freude,
Gesundheit und Hilfsbereitschaft.

Ich will mich bemühen,
dem höchsten Streben meines Inneren
nachzuleben,
damit ich würdig werde Deiner
unschätzbaren Gabe,
eine Seele zu eigen zu haben
und eine individuelle Persönlichkeit
als Teil Deines ewigen göttlichen Seins.
Für dies und vieles mehr, für das mir die
Worte fehlen,
bringe ich Dir Dank aus tiefstem Herzen.

Amen

5 Gebet des Einsseins

Mein Vater,
ich danke Dir, dass ich Dir so wichtig bin,
dass Du mich geschaffen hast.

Ich erkenne, dass alles gut ist, auch wenn das
Gute manchmal sehr unangenehm sein kann,
und ich danke Dir, dass Du alles zum Besten
lenkst, auch wenn ich es manchmal nicht
gleich erkenne.

Zeige mir, was Du durch mich tun willst,
denn ich bin bereit, Deinen Willen zu
verwirklichen.

Ich erkenne mich als einen individualisierten
Teil des allumfassenden Bewusstseins,
das Du bist, und danke Dir, dass ich bin.
Also bin ich Du und Du bist ich – wir sind
eins! Um was sollte ich Dich da noch
bitten können. Hast Du mir doch die Voll-

kommenheit als geistiges Erbe mit auf den Weg gegeben. So kann ich Dir nur dafür danken und trete mein geistiges Erbe an, indem ich alles, was nicht vollkommen ist, loslasse, damit uns nichts mehr trennt – und bin eins mit Dir für alle Ewigkeit.

Amen

Allmächtiger Schöpfer, der Du bist in mir,
hilf mir,
bewusst zu leben in Deiner Gegenwart.
Dein Bewusstsein durchlichtet und erfüllt
mich,
Dein Wille bestimmt mein Denken und
Fühlen,
Deine Liebe mein Handeln und mein ganzes
Sein.

Du bist in mir und ich bin in Dir.
Wo immer ich bin,
Du bist da,
und ich erkenne und achte Dich in allem,
was ist.

Ich erkenne Dich in meinem Nächsten
und liebe ihn, so wie ich Dich liebe.
Durch Dich bin ich und werde immer sein.
Du lebst in mir und wirkst durch mich als ich.

Ich frage nicht nach Gut und Böse,
sondern tue in jedem Augenblick,
was Du durch mich tun willst.
Ich bin Du und Du bist ich.
Wir sind eins in Ewigkeit.

Indem ich mich Dir ganz öffne,
mich mit Dir erfülle und Dich durch mich
wirken lasse,
erkenne ich meinen Weg,
auf dem Du mich führst zur Erlösung.

Amen

Herr, lass mich sein, wie die Erde ist,
klar und ruhig,
lass mich verwandelbar sein, wie die
Erde ist.

Herr, lass mich sein, wie die Luft ist,
die Luft, die durch nichts begrenzt ist.
Lass mich überall sein, wo ich gebraucht
werde, und mein Werk tun, ohne Dank
zu erwarten.

Herr, lass mich sein, wie das Wasser ist,
so formbar und formend und so demütig.

Herr, lass mich sein, wie das Feuer ist.
Lass in mir ewig den Wunsch brennen,
zu Dir zu finden.
Lass mich leuchten im Feuer der Liebe,
das alles entzündet und alles verwandelt,
in Liebe.

                        Amen

8 Gebetsmeditation

Als reiner Beobachter erkenne ich zunächst ganz klar die Situation. Ich nehme wahr, was ist und was sein sollte. Dann gehe ich in die Stille und bitte um innere Führung, damit ich das richtige Ziel erwähle, bis ich die Gewissheit habe, dass es für mich und andere das Beste ist.

So bete ich: »Vater *zeige* mir den Weg – gib mir ein Zeichen Deiner Führung.«

Alsdann beseitige ich alle Hindernisse in mir. Ich mache mich frei von unerwünschten Gedanken und Bildern und löse vorhandene Schuldgefühle auf. Auch ein mangelndes Selbstwertgefühl stellt ein Hindernis dar. Ich fühle mich wert, Erfüllung zu empfangen.

Ich lasse meine Vergangenheit bewusst los und richte mein Bewusstsein auf die Vollkommenheit meines wahren Selbst. Ich lasse alle negativen Gedanken, Gefühle, Sorgen, Ängste und dergleichen los und löse sie in der Erkenntnis der Vollkommenheit meines wahren Selbst auf.

Ich gebe alle meine Erwartungen an andere auf und akzeptiere jeden Menschen so, wie er ist und sein will.

Ich lasse jeden Gedanken an Mangel oder Begrenzung aus meinem Bewusstsein ziehen und wende mich ganz der Fülle der einen Kraft zu.

Anschließend drücke ich das erwünschte Enderergebnis in Wort und Bild aus und sehe es deutlich vor mir. Ich fühle mich wert, Erfüllung zu erlangen, und identifiziere mich mit dem Ergebnis, ich sehe und erlebe mich in der Erfüllung. Meine Formulierungen sind immer positiv und in der Gegenwartsform. Sie enthalten keine Absicht wie »ich will, ich werde, ich möchte« und keine Verneinung wie beispielsweise »nie mehr Kopfschmerzen«. Die Formulierungen sind präzise und vollständig. Ich *wende* mich also stets vertrauensvoll dem Guten zu, das jetzt kommt, und denke nicht an das Übel, das vergehen soll.

Nun gebe ich mich ganz dem Einen hin. Mein Bewusstsein geht auf in der Hingabe an Gott. Ich erwache zur Wirklichkeit und spüre die Allgegenwart Gottes. Ich bin mit mir und der Welt im Einklang und fühle einen tiefen Frieden in mir. So verbinde ich mich bewusst mit dem schöpferischen Geist Gottes.

Jedes Gebet ist ein bewusstes Verbinden mit dem Geist Gottes und ein Gewahrwerden seiner lebendigen inneren Gegenwart. Noch nie hat sich jemand mit Gott im Gebet verbunden, ohne dadurch innerlich und äußerlich zu wachsen.

Ich entspanne mich also, lasse bewusst mein kleines Ich los und wende mich dem Einen zu. Ich sammle die Vielfalt meiner Gedanken und richte sie ganz auf den Einen. Ich vergesse meinen Körper *und* unerwünschte Zustände, *erfülle mein Bewusstsein* mit der Gegenwart Gottes und übergebe ihm vertrauensvoll das Bild meines erwünschten Endzustandes. Ich halte dieses Bild in meinem Bewusstsein fest, sehe es klar vor mir und fühle mich wert, die Erfüllung jetzt in Empfang zu nehmen.

Quellenangabe

Gebete eins bis vier entnommen aus: »Gebet, heilende, helfende Macht« von Harold Sherman, Hermann Bauer Verlag, 1995

Gebete fünf bis sieben stammen von Doris und Felix Aeschbacher

Gebet acht von Kurt Tepperwein

VITA – Kurt Tepperwein

Kurt Tepperwein wurde 1932 in Lobenstein geboren. Er war erfolgreicher Unternehmer und langjähriger Unternehmensberater. 1973 zog er sich vom Wirtschaftsleben zurück und wurde Heilpraktiker und Forscher auf dem Gebiet der wahren Ursachen von Krankheit und Leid. Seine Ausbildung war das Leben. In seiner Naturheilpraxis hielt er für seine Patienten Seminare ab, die so großen Anklang fanden, dass sie heute in vielen Ländern abgehalten werden.

Er absolvierte vielfältige Ausbildungen und erfuhr unzählige Ehrungen, war Dozent an verschiedenen internationalen Institutionen. Seit 1997 ist Kurt Tepperwein Dozent an der Internationalen Akademie der Wissenschaften.

Seine weltweite Lehrtätigkeit führte ihn nach Indien, Bali, Ägypten, Sri Lanka, Aspen/Colorado, Kyoto, Tokio und Doha/Katar und viele andere interessante Orte, wo er nicht nur unterrichtete, sondern auch Land und Leute und die verschiedenen Kulturen und Philosophien studierte.

Er hat sein umfassendes Wissen in mehr als 50 Büchern und auf Dutzenden von DVDs und CDs veröffentlicht und Menschen in aller Welt mit seiner Fähigkeit fasziniert, auch komplizierte Zusammenhänge in wenigen einfachen Worten verständlich zu machen.

Sein spezielles Forschungsgebiet ist das Geheimnis der lebenslangen Gesundheit der Hunza und anderer Volksgruppen und die Anwendung dieser Erkenntnisse in unserer westlichen Lebensweise.

Jeder, der ihm begegnet, wird ihm zum Lehrer, der ihm hilft, noch tiefer in die Geheimnisse des Lebens einzudringen. Aber sein größter Lehrer ist das Leben selbst. Kurt Tepperwein versteht es meisterhaft, die materielle und geistige Sicht der Dinge zu einem harmonischen Ganzen zu vereinen. Er ist jemand, der etwas nicht nur weiß, sondern es auch lebt.

Die Anwendung des von ihm geschaffenen Mental-Trainings, insbesondere aber des Intuitions-Trainings, ist heute für unzählige Menschen, nicht nur für Topmanager und Spitzensportler, ein unverzichtbarer Teil ihres Lebens.

Seit einigen Jahren lebt Kurt Tepperwein auf Teneriffa.

LESERSERVICE

Kurt Tepperwein persönlich
oder in einem Heimseminar erleben!

Wünschen Sie tiefer in das Thema dieses Buches
einzusteigen, dann empfehlen wir Ihnen die folgende
Chance zu nutzen (*Gewünschtes bitte ankreuzen!*):

Seminare / Ausbildung

❑ Motivationsseminare mit verschiedenen Themen
(Tagesseminare)
❑ Ausbildung zum Dipl. Lebensberater/in

Ausbildungen mit Felix Aeschbacher
(Lehrbeauftragter von Kurt Tepperwein):

❑ Dipl. Mental-Trainer/in
❑ Dipl. Bewusstseins-Trainer/in
❑ Dipl. lntuitions-Trainer/in
❑ Dipl. Seminarleiter/in
❑ Meditations-Trainer/in (Zertifikat)

Heimstudienlehrgänge

- ❏ Einführungslehrgang »Die 7 Schritte zur Erfolgs-persönlichkeit«
- ❏ Dipl. Lebensberater/in
- ❏ Dipl. Mental-Trainer/in
- ❏ Dipl. lntuitions-Trainer/in
- ❏ Dipl. Seminar-Leiter/in
- ❏ Dipl. Erfolgs-Coach/in
- ❏ Dipl. Gesundheits- und Ernährungs-Berater/in
- ❏ Dipl. Partnerschafts-Mentor/in

Gesamtprogramme

- ❏ Gesamtseminar- und Ausbildungsprogramm IAW
- ❏ Neuheiten der Bücher, CD- und DVD-Programme von Kurt Tepperwein
- ❏ Gesundheitsprodukte-Programm

Dazu ein persönliches Geschenk

- ❏ Die 20-seitige Broschüre »Praktisches Wissen kurz gefasst« von Kurt Tepperwein

Sie erhalten Ihre gewünschten Informationen selbst-verständlich kostenlos und unverbindlich bei

Internationale Akademie der Wissenschaften (IAW)
St. Markusgasse 11. FL-9490 Vaduz.
Tel. 00423 233 12 12 – Fax 00423 233 12 14
Deutschland Tel. + Fax 0911 69 92 47
(Beratungssekretariat)

E-Mail: go@iadw.com – Internet: www.iadw.com

Die Praxis-CD

Von Kurt Tepperwein
persönlich gesprochen

Kurt Tepperwein
7 Schritte zum wirksamen Gebet

CD im Digipack, Laufzeit 53 Minuten
ISBN 978-3-7787-9188-2

INTEGRAL